Nirgendwo kommen die Erfahrungen einer Epoche so deutlich zum Ausdruck wie in ihrer Dichtung, nirgendwo wird auf so visionäre Weise künftige Zeit vorweggenommen wie hier. Dies zeigt Frank Schirrmacher am Beispiel fünf bedeutender Lyriker unseres Jahrhunderts. Stefan George, Hugo von Hofmannsthal, Rainer Maria Rilke, Georg Trakl, Gottfried Benn – sie alle haben sich, jeder auf seine Weise, mit ihrer Zeit auseinandergesetzt, und so unterschiedlich die Erfahrungen auch waren, so erstaunlich sind doch die Parallelen in den Biographien. Sorgfältig ausgewählte, teilweise bisher unpublizierte Photographien ergänzen Frank Schirrmachers Darstellung.

insel taschenbuch 2549
Frank Schirrmacher
Fünf Dichter – ein Jahrhundert

Frank Schirrmacher
Fünf Dichter – ein Jahrhundert

Über George, Hofmannsthal, Rilke, Trakl und Benn

Insel Verlag

insel taschenbuch 2549
Erste Auflage 1999
Insel Verlag Frankfurt am Main und Leipzig

Hinweise zu dieser Ausgabe am Schluß des Bandes
Vertrieb durch den Suhrkamp Taschenbuch Verlag
Umschlag nach Entwürfen von Willy Fleckhaus
Druck: Nomos Verlagsgesellschaft, Baden-Baden
Printed in Germany

1 2 3 4 5 6 – 04 03 02 01 00 99

Inhalt

Vorwort

Aristoteles vermutete den Sitz der Seele im Herzen, Descartes glaubte sie in der Zirbeldrüse. Jahrhunderte hatten, worauf der Mediziner Gottfried Benn mit Nachdruck hinwies, über das Gehirn nichts zu sagen gewußt.

Die Literaturgeschichte hat lange Zeit den Sitz der Seele im Gedicht lokalisiert. Sie redete von der »Stimmung« und vom »Gemüt«, von »Mond« und »Liebe« und dem, was dem Dichter in seiner Not ein Gott zu sagen empfiehlt. Durch Heine wurde die lyrische Seele kollektiv, durch die Psychoanalyse demokratisch, durch die moderne Lyrik anachronistisch.

Seit Benn spricht die Literatur wenig von der Seele und viel vom Gehirn. Wie Gedanken eine immer undurchsichtiger werdende und schließlich rational kaum mehr rekonstruierbare Emotionalität gewinnen können, das läßt sich nirgendwo so genau studieren wie im Gedicht und bei seinem Urheber. Es ist ein Studium, das eines Tages einen Beitrag zu der Frage leisten könnte, warum ein monströser politischer Einfall das Jahrhundert ruinierte.

Die Aufsätze dieses Bandes erheben nicht den Anspruch, Neuigkeiten über das Werk der hier besprochenen Schriftsteller zu verbreiten. Das Augenmerk gilt den Künstlern in ihrem Verhältnis zur Politik. Es handelt sich um Essays, deren Blickrichtung durch den Anlaß vorgegeben war.

Daß es diese fünf Schriftsteller geworden sind, ist kein Programm. Natürlich ist die Anthologie der Epoche ohne Brecht unvollständig. Die Wahl ist aber auch nicht ohne Vorsatz. George, Hofmannsthal, Rilke und Trakl zählen zu den vier Lyrikern, denen Gottfried Benn, der letzte der hier erörterten Dichter, konstitutive Bedeutung für den eigenen Kopf zugeschrieben hat. Damit sind ihre Werke, was immer sie sonst sind, Tatbestände einer gedanklichen Krise geworden, das heißt jenes Wortbruchs, der das Versprechen der modernen Literatur widerrief.

»Die scheinbare Stille, mit welcher die Tage, die Jahreszeiten, die Generationen, die Jahrhunderte aufeinanderfolgen, bedeutet Aufhorchen: so traben Pferde vor dem Wagen.«
Franz Kafka

»Es gibt fast unerträglich viel, das wir nicht wissen, und der Gründe zum Klagen und Verzweifeln sind Legion. Aber es wird so sein müssen und es wird unsere Aufgabe bleiben, die Stunde dieser geistigen Welt, solange sie dauert, weiter mit unseren menschlichen Bildern zu erfüllen, so trauerüberladen, so untergangssicher, so monologisch oder so hybrid sie sind.« *Gottfried Benn*

Rainer Maria Rilke
4. Dezember 1875 –
29. Dezember 1926.

Hugo von
Hofmannsthal
1. Februar 1874 –
15. Juli 1929.

Georg Trakl
3. Februar 1887 –
3. November 1914.

Gottfried Benn
2. Mai 1886 –
7. Juli 1956.

Stefan George
12. Juli 1868 –
4. Dezember 1933.

Einleitung

Die Eroberung des Mondes oder Eine Anekdote über den Kunstwillen

Kafka träumte davon, seine Sätze so gegen die Welt zu richten, daß sie wie ein unverrückbar gegen den leeren Himmel gestelltes Teleskop geduldig auf die lang vorausberechnete Erscheinung warten. So wie Kafkas Teleskop scheint uns die literarische Vergangenheit der ersten Jahrhunderthälfte zu erfassen. Denn bis heute prägt sie nicht nur unsere Imagination und Phantasie, sondern sie scheint auch die nachfolgenden Künstler seltsam abhängig und unfrei gemacht zu haben. Vieles spricht dafür, daß wir uns am Ende dieses Jahrhunderts noch immer im Gesichtskreis des letzten Fin de siècle befinden.

Die fünf Dichter, die in den folgenden Stücken gestreift werden, sind Erscheinungsformen jenes Ausbruchs an Begabung, Energie und eines auf Totalität zielenden Verlangens, der die erste Jahrhunderthälfte prägt. Sie waren Entdecker, Eroberer, Besitzergreifer – und zwar in einer Vollständigkeit, die noch heute die Kunst zu lähmen scheint. Dergleichen hat es später nie wieder gegeben. Vielleicht, so eine der geläufigen Thesen, weil der Wille, der sich darin artikulierte, diskreditiert und unglaubwürdig geworden ist. Sie, die, nach den Worten Georges, den »Stern« erobern wollten, waren Kinder einer Zeit, die uns Heutigen fremd und in ihren Motivationszusammenhängen unverständlich erscheint. Ehe man von der Größenphantasie der seit 1868 geborenen Generation redet, von ihren Versmonden und literarischen Sternbildern, den unerreichbaren Zielen, die sie wie die nächste Straßenbahnhaltestelle in ihren Blick nahmen, könnte es hilfreich sein, die Größenphantasie ihrer Zeit zu mustern.

In einer der seltenen poetischen Stellen der »Kritik der reinen Vernunft« vergleicht Kant sich mit einem Landvermesser, der auf große Seefahrt geht, um einen Ort zu suchen, den er womöglich nie erreichen wird. Das Land des reinen Verstandes habe er jetzt gemeinsam mit dem Leser kartographiert, und nun führe er ihn auf das Meer (»dem eigentlichen Sitze des Scheins«), »um es nach allen Breiten zu durchsuchen, und gewiß zu werden, ob etwas in ihnen zu hoffen sei«. Kants Vermessungs- und Navigations-Motiv steht in der unabsehbaren Kette der Expeditions- und Eroberungsmetaphern, die aus der Lebenswelt in die Wissenschaften und Künste eindringen und bald keinen seiner Nachfolger mehr loslassen. Mitte des neunzehnten Jahrhunderts beginnen die Künstler, gleichsam als Funktionäre einer romantischen Universalkartographie, die Welt ein letztes Mal zu vermessen. Sie koalieren mit der Wissenschaft. Sie erobern sich fremde Gebiete, beanspruchen die Herrschaft, beginnen mit der Topographie der Seele, jagen den weißen Flecken nach, und, wenn diese getilgt sind, dem auf- und abtauchenden Schimmer Moby Dicks, bis am Ende, wenn schon gar nichts mehr zu sagen übrig zu sein scheint, auch das noch gesagt wird, wenn im Bilde von Kafkas »Schloß« der Landvermesser K. den Sitz des Scheins neu bestimmt und die Geschichte all dieser Entdeckungen und Eroberungen als Satyrspiel den Abschluß findet.

Der Eingeborene, der als erster das Schiff des Kolumbus am Horizont auftauchen sah, machte eine furchtbare Entdeckung. Lichtenbergs berühmter Satz ist aus der Perspektive desjenigen gesprochen, der im Augenblick seiner Entdeckung seine eigene Geschichte verliert. Am Ende des zwanzigsten Jahrhunderts müssen wir uns eingestehen, daß es nicht nur einen Kolonialismus des Raumes, sondern auch einen der Zeit gibt. Die Vorstellungswelt der Gegenwart ist von der Vergangenheit besetzt und annektiert, ganze Kontinente der Phantasie und Einbildungskraft sind von ihr ausgebeutet worden. Jetzt zeigt sich, welchen Preis es kostet, ein Jahrhundertende zu erleben, an dessen Anfang eine visionäre und vorausdeutende Kunst stand. Sie hat, wie einst die Astronomie bei der Bestimmung der Planetenbahnen, scheinbar jede künftige Bewegung und jede Revolution der Einbildungskraft vorherberechnet.

Vor dem Horizont der Moderne wird jeder Nachgeborene zu einem Lichtenbergschen Indianer. Er erlebt nicht nur den Fluch der Entdeckung. Er erlebt alle Formen der Unterdrückung, Enteignung und Selbstentfremdung. Die Vergangenheit, die einmal Gegenwart war, hat ihre Zukunft, die wir geworden sind, bis in die letzten Winkel erfaßt und ausgebeutet. Wenn heute soviel von der erschöpften Phantasie die Rede ist und davon, daß die erste Jahrhunderthälfte eine bislang unüberschrittene Steigerungsform der Kunst hervorbrachte, wenn allenthalben die Suche nach den Ursprüngen beginnt und die Entstehung des wissenschaftlichen und ästhetischen Weltbildes in den Schriften der Feyerabend, Serres, Foucault wie die Ankunft einer fremden Macht erzählt wird, dann meint man in diesen Wendungen die Qual und Klage eines seiner selbst und der eigenen Legitimität längst unsicher gewordenen Stammes von Eingeborenen zu hören.

Man kennt die soziale Energie, die sich am Ende des letzten Jahrhunderts in expansionistische und kolonialistische Politik umsetzte. Aber man zögert, dieses Modell auf die Künste und in die Literatur zu übertragen. Der Herrschafts- und Unterwerfungswille, der sie seit Mallarmé den definitiven Vers, das endgültige Bild, den unübertroffenen Ausdruck suchen läßt, die psychischen und physischen Energien, die nun den wie besessen, bis zur Selbstverstümmelung arbeitenden Künstler produzieren, die neuen Idiome der Verrechtlichung, mit der sie moralische und soziale Ansprüche einklagen – dies alles gibt eine Ahnung von Umfang und Kraftzentrum einer kollektiven Anstrengung, die, wie der

Literaturkritiker Harold Bloom sagt, die Kinder, Enkel und Urenkel stumm und blind machen sollte angesichts der Größe des Erreichten.
Die Pariser Weltausstellung von 1889 hat den Abdruck der Energien empfangen. In der Mitte der Stadt erhebt sich der Eiffelturm, auf dessen oberster, über dem Dunst liegender Plattform bald wissenschaftliche Experimente durchgeführt werden. Ein Teleskop wird auf der Spitze montiert, eine Sternwarte und ein Laboratorium werten astronomische und meteorologische Daten aus. In gewaltigen Ausstellungen werden neue Mond- und Sternenkarten, Himmelsgloben, Fotografien des Weltalls gezeigt, und gleichzeitig – worauf Albert Boime in seiner Deutung von van Goghs »Sternennacht« hingewiesen hat – werden die neuen Entdeckungen und Eroberungen der Erde vorgestellt. Erde und Himmel treten in den Augen des Betrachters zu einer pathetischen Selbstfeier der französischen Kolonialpolitik zusammen. Die Doppeleroberung des Erreichbaren und des Unerreichbaren, der Gegenwart und der Zukunft hat von Anfang an eine mondäne und eine ästhetische Variante. Camille Flammarion, einer der bedeutendsten Astronomen seiner Zeit, annonciert die Astronomie als Mittel zur »geläuterten Eroberung«, die anders als die Kolonialisierung der Erde nicht »Blut und Tränen« kostet. Der bloße Anblick des bestirnten Himmels habe den Menschen seit Jahrtausenden Wissen und Herrschaft über die Zukunft versprochen. Nun stehe der Augenblick bevor, da die Zukunft, die eine friedliche sein werde, buchstäblich betreten werden könne.
Nur wenig später bekennt Cecil Rhodes beim Anblick des Sternenhimmels: »Die Welt ist fast vollständig parzelliert. Was übrig blieb, wurde aufgeteilt, erobert und kolonialisiert. Denken wir nun an diese Sterne, die wir nachts über uns sehen, diese ungeheuren Welten, die wir niemals erreichen können. Ich würde die Planeten annektieren, wenn ich könnte. Oft denke ich darüber nach. Es macht mich traurig,

sie so klar und doch so unerreichbar zu sehen.« Man muß durch die Resignation hindurch das Bekenntnis einer realpolitischen Wunschvorstellung lesen, um in den Energiekern der kollektiven Wunschvorstellung vorzustoßen.
Hierher, in die ausgestellte Welt des Jahres 1889 gehört eine Äußerung eines in diesem Jahr Geborenen, die in anderem Zusammenhang Hans Blumenberg zitiert und deren Zitation er »hart, aber unumgänglich zur Herstellung des Phrasierungsbogens« nennt. Er »habe veranlaßt«, so bemerkt Hitler am Mittag des 5. Juni 1942 in seinem Hauptquartier, »daß – soweit nur irgend möglich – in allen größeren Städten Sternwarten errichtet würden, da Sternwarten erfahrungsgemäß das beste Mittel darstellten, um das Weltbild des Menschen zu vergrößern und damit geistigen Verkümmerungen vorzubeugen«.
Flammarions »Blut-und-Tränen«-Rede, Rhodes' planetare Annektionsgelüste angesichts einer aufgeteilten Welt, Hitlers Sternwarten, die das Bild der Welt vergrößern sollen, die er in Besitz zu nehmen gedenkt – man erlebt hier in der Echtzeit historischer Metaphorik die Geburt einer Größenphantasie, die bis heute jeden in die Zukunft weisenden imaginativen und gedanklichen Willen behelligt und bricht.
Es bedarf nicht der These des Vorläufertums, um von der Zerstörung Europas in der Jahrhundertmitte zu den europäischen Wunschprojektionen um 1890 zurückzurechnen. Aber der Blick zurück zeigt, wie sich damals die Welt um eine noch in den Kinder- und Jugendjahren steckende Generation herum reisefertig machte zu einer Expedition. »Warum, frage ich mich«, notiert van Gogh, »sollten uns die leuchtenden Punkte am Himmelsgewölbe weniger zugänglich sein als die schwarzen Punkte auf der Karte von Frankreich.« Noch glaubt er, daß man, »wie wir den Zug nehmen, um nach Tarascon zu fahren«, den Tod nehmen muß, »um auf einen Stern zu gelangen«. Aber die Verschiebung des Eroberungsimpulses hat bereits begonnen.

Die planetarische Phantasie wird von den Künstlern als Erfahrungstatsache verbucht und nun sehr rasch aus dem Raum in die Zeit verlegt.
In einer eminent populären Schrift von 1884 aktualisiert Flammarion den Mythos und verkündet ein Universum, in dem die Künstler und Denker nicht sterben können, weil sie »die Arbeit, die sie auf der Erde unterbrochen haben, in anderen Welten fortsetzen«. Albert Boime hat gezeigt, wie dieser Gedanke zu einem Inspirationskern van Goghs wurde. Doch die Welle, die das große Expeditionskorps der Kunst transportiert, erreicht fast alle Protagonisten der europäischen Moderne: den französischen Symbolismus, den mit Wissenschaft und Kunst experimentierenden August Strindberg, Georges Kosmiker-Runde und Rainer Maria Rilke und schließlich auch den Salon Elsa Bruckmanns. Was anfänglich noch unter dem Tarnnamen der Unsterblichkeit segelte, erwies sich sehr bald als ein Verfahren, all die Regionen und Gebiete zu erobern und zu besetzen, die der imaginative Zugriff bisher verschont hatte.
Fast überall in den europäischen Metropolen wirft diese Größenphantasie jetzt ihre Schatten, gleich dem Eiffelturm, der die Sterne zu berühren scheint und, wie eine zeitgenössische Beobachtung mitteilt, als künstlicher Mond über der Stadt aufgeht: eine »endlose Spirale, die die Menschheit in immerwährendem Aufstieg erklimmt«. Gewiß ist der Umweg über die Sterne nur eine von vielen Reisen, um Distanz zu erlangen, aber anders als der schon bei Rimbaud und Gauguin spürbare ethnographische Blick erlaubt er nicht, über die Erfahrung des Fremden das Eigene zu durchschauen. Er ist absolute Betrachtung, Selbstentdeckung, gleichsam eine Form kontemplativer Herrschaft. Man muß nicht auf die ungeheure Erfolgsgeschichte der Psychoanalyse verweisen, deren Urdokument am 4. November 1899 erscheint, um die Dynamik dieser scheinbaren Passivität zu ermessen. Wenn es stimmt, daß der Ethnograph der »rei-

sende Revolutionär« ist, so ist der Künstler der Jahrhundertwende der träumende Revolutionär, der, wie die berühmte Prophezeiung Coleridges lautet, die Rose, die ihm soeben im Traum geschenkt wurde, beim Erwachen in Händen hält.

Dazu verhalf ihm die Wissenschaft. Die brüderliche Verwandtschaft zwischen ihr und der Kunst, die die Zeit erwarten durfte, gehört zu den großen Verlustanzeigen unseres heutigen Fin de siècle. Das Bündnis zwischen Romantik und Technik, zwischen Wissenschaft und dem Gedicht hat am Ende jene Katastrophengeschichte ausgelöst, die in den beiden wissenschaftlich sich mißverstehenden Totalitarismen des zwanzigsten Jahrhunderts zum unüberschreitbaren Zeichen wurde.

Bei dem Versuch, sich zurückzuversetzen in das, was damals gewollt und bewiesen werden sollte, gerät man an die Besucher und Sympathisanten der Weltausstellung von 1889. Die Illustrierten und wissenschaftlichen Fachzeitschriften schreiben den Panegyrikus der neuen Zeit. Van Gogh, der das alles liest, erwägt, seine »Sternennacht über der Rhône« einzureichen. Einen Monat später beendet er seine »Sternennacht über Saint Rémy«, die, wie Boime nachgewiesen hat, einer Art wissenschaftlicher Astralpsychologie zum Ausdruck verhilft. Auffallend ist van Goghs Mond, dessen Lichtwellen keinem Mond der bildenden Kunst mehr ähneln und die Kunstwissenschaft bis heute nicht mehr losgelassen haben. Dieses Bild des Erdtrabanten beginnt die realistischen Varianten der Vergangenheit zu verdunkeln.

Ein anderer, den die Weltausstellung faszinierte, war der Physiker William Crookes. Crookes wurde im Todesjahr Goethes geboren und starb 1919. Mitglied der Royal Society und vieler gelehrter Akademien, zählte er zu den bedeutendsten Forschern seiner Zeit. Er hat das Thallium gefunden, das Sonnenspektrum erforscht, das Licht gemessen. Gemeinsam mit Henri Becquerel und den beiden Curies,

deren Forschungen er begleitete, eröffnet er das Atomzeitalter.
Als Präsident der fotografischen Gesellschaft war Crookes stolz darauf, den Mond fotografiert zu haben. Seit Humboldts Besuch bei Daguerre im Februar 1839 war die Mondfotografie zum Faszinationstopos der Zeit geworden, der Planet selber in den Interieurs der Salons aufgegangen. Crookes war von der Authentizität des Verfahrens begeistert. Streng genommen, mußte niemand mehr den Mond sehen, damit er gesehen wurde. Unabhängig vom Menschen existierte er, denn das ideale Auge der Kamera hatte ihn aufgenommen und belichtet.
Jahrhunderte des lunaren Deutens waren durch die ersten Mondfotografien in eine neue Phase getreten. Als das gewöhnlichste und nächstliegende Gestirn war der Mond trotz der Anfechtungen der Wissenschaften im imaginativen Besitz der Künstler geblieben. Längst war die Topographie des Mondes durch Karten erfaßt und in reliefartiger Prägung auch betretbar geworden. Schiller, im nächtlichen Garten mit Teleskop und Schröterscher Mondkarte bewaffnet, berichtet in einem Brief an Goethe von der »angenehmen Empfindung, einen so bedeutenden Gegenstand, von dem man vor kurzer Zeit so gut als gar nichts gewußt, um so viel näher und genauer kennen zu lernen«.
Die Fotografie macht aus dieser ersten Bekanntschaft eine Besitznahme. Nur der fotografierte Mond ist wirklich. Er wird archivierbar und also historisch und damit dem ursprünglichen Naturkontext geraubt. Es gibt jetzt bereits vier Perspektiven zur Betrachtung des Mondes: die des gewöhnlichen Himmelsbeobachters, der Kunst, des Teleskops und schließlich die der Fotografie. Im Vorfrühling des Jahres 1894 macht August Strindberg sich auf, den vier Sichtweisen noch eine fünfte hinzuzufügen. Ihn fasziniert die von Crookes vorbereitete Entdeckung der unsichtbaren Strahlung, und er folgert, daß man nun »jede Unwirklichkeit« in

Besitz nehmen könnte. »Ich benutzte die Methode und erhielt vom Licht des Mondes ein Bild, das Bienenwabenzellen glich.« Es ist, als hätte Strindberg das ihm unbekannte, fünf Jahre zuvor entstandene Bild van Goghs gesehen. Doch die Pointe war, daß Strindberg den Planeten »ohne Kamera und Linse« fotografierte und den Film, eine Bromsilberplatte, einfach auf die Erde legte. Jetzt fehlte nicht mehr nur das Auge des Menschen, sondern auch das der Kamera. Der Mond ist als Wabenzelle in unüberbietbarer Genauigkeit dargestellt: als geborgtes Licht, das sich im Medium verfängt.

Nicht nur Strindbergs Kunst, sondern die ganze Anthologie der sich jetzt eröffnenden Epoche wiederholt dieses Experiment. Die Seele ist der Mond, der Dichter die fotografische Platte, die Sprache das allsehende Auge der Kamera. Belehrt durch die Perspektivenvielfalt der Mond- oder Seelenbetrachtung wagt die Kunst, die Stimmen durcheinanderreden zu lassen, das stabile Ich in unzählige Ableitungen aufzuspalten und vor allen Dingen die Zeitformen zu vertauschen.

Wir sind heute darin geübt, in dieser Operation eine ästhetische Epochenschwelle aufzudecken. Auf der Flucht vor der Definitionsmacht der Wissenschaften, so lautet eine gängige These, hätten die Künstler den Raum erobert, in dem die Empirie der exakten Wissenschaften unzuständig bleiben mußte. Aber die These unterschlägt die Radikalität des Paktes, den für einige unendlich nachwirkende Augenblicke die Künste mit den Wissenschaften und diese mit den Künsten eingingen.

William Crookes, der den Mond fotografiert hatte, wurde zum europäischen Gesprächsthema, das von Anatole France bis Hugo von Hofmannsthal reichte, weil er eines Tages vierundvierzig Fotos von Katie King, seiner Geliebten, aufnahm und behauptete, auf den Fotos sei ein Gespenst zu sehen. Er präsentierte der Öffentlichkeit die Fotografien und die Geschichte ihrer Entstehung mit dem gleichen Entdeckerstolz wie einst die Aufnahmen des Mondes. Sechs Monate habe er die Frau geprüft, befragt, vorgeführt – schließlich war Crookes überzeugt, einen Geist zu lieben. Zum Beweis seiner Existenz fertigte er die Fotografien an, auf denen er, ein wenig linkisch, Katie King mit dem Arm gegen die Kamera dreht.

Crookes' kurioses Experiment mit einem Medium verläuft in den Tiefenströmungen der Wissenschaftsgeschichte. Noch 1923 hält der französische Nobelpreisträger Charles Richet die Fotografien Crookes' für im höchsten Grade beunruhigend. Beunruhigend aber war nicht das Resultat, sondern die eigentümliche Energie, der es sich verdankte. Denn das Crookessche Medium sollte empirisch über die Zukunft reden, das »Wissen künftiger Jahrhunderte vorhersagen«, um es für die Welt des ausgehenden neunzehnten zu erobern.

Crookes, überflüssig zu sagen, ist gescheitert, und wie van Goghs Mond und Strindbergs fotografische Platte haben auch seine Bilder eine verräterische Rezeptionsgeschichte. Hugo von Hofmannsthal hält sie für den Beweis des Übersinnlichen, weil sie zeigten, daß selbst »sehr logische Menschen« von der Sehnsucht nach dem »Traum« ergriffen werden könnten. Die späten zwanziger Jahre vermuten, ganz im Stile der aufgeklärten Gesellschaft, ein abgekartetes Spiel, bei dem die Angst vor Entdeckung und sozialer Diskriminierung die Regeln lieferte. Crookes habe seine Geliebte zum Medium erklärt, um im eigenen Haus und unter den Augen seiner Frau sein Liebesverhältnis unterhalten zu können. Heute erklärt man sich Crookes' Blamage mit einer Thallium-Vergiftung, die Psychosen hervorrufe und den weltberühmten Forscher den Betrug glauben ließ – Katie King ist der Preis der Entdeckung. Das alles sind Evidenzen, die immer nur für die jeweilige Zeit glaubwürdig sind, aber das eigentlich Verstörende nicht aufheben.

Crookes' Schicksal ist nur ein kleines Kapitel in der Phantasiegeschichte des Jahrhunderts. Aber es legt die Frage nahe, was nach all diesen Versuchen und Selbstversuchen dem Künstler heute noch zu sagen und zu tun übrig bleibt. Seine Imagination ist von der Vorwelt annektiert. Sie hat nichts ausgelassen, alles erprobt und am Ende in einem hoffnungslosen Unternehmen sogar noch das Reich der Geister betreten wollen: selbst das Scheitern, das Nicht-Wissen, der Bankrott der Erkenntnis – diese letzten Residuen der Kunst – sind nun zu einer Tatsache der wissenschaftlichen Welt geworden.

Wie blickt man auf die Welt? Welche Perspektive bleibt den Künsten? Die des von der Küste über den Ozean blickenden Eingeborenen, der das Schiff herankommen sieht, das seine Geschichte auslöschen wird? Oder die des Eroberers, der schon die Besitzurkunde für das Land ausfüllt, dem er entgegensteuert? Seit fünfzig Jahren, seit dem Ende der großen künstlerischen Eroberungen, grübelt die Kunst über dieser Frage. Jorge Luis Borges, der alle Winkel der kolonialisierten Phantasie ausgeleuchtet hat, beschreibt in einem Gedicht den Augenblick, wo der Künstler erlebt, daß ihm nichts mehr zu sagen bleibt. »Als es, in Genf oder Zürich, das Glück/so wollte, daß auch ich ein Dichter würde,/legte ich mir, wie alle, die geheime Verpflichtung auf, den Mond zu definieren.« Aber er muß erleben, daß die Nachtmonde und die Versmonde ausgemessen und abgebildet sind. Es bleibt ihm nur das Wort Mond. »Ich weiß, daß der Mond oder das Wort Mond/ein Zeichen ist, für die vollständige Niederschrift dieses seltenen Gebildes, das wir sind, zahlreich und eins.«

Das ist der Beschreibungsnotstand des Spätgeborenen. Doch dann durchbricht der Dichter den Kontext der Worte: der Planet sei eines der Symbole, »die das Schicksal oder der Zufall dem Menschen gibt«. Lichtenbergs Indianer verliert seine Geschichte für immer. Aber gewinnt vielleicht eine neue, wenn er glauben kann, er sei nur zufällig entdeckt worden, und sich die ganz andere Geschichte der Nichtentdeckung ausmalt. Das ist die Geschichte, die die Kunst unserer Jahrhundertwende noch erzählen könnte.

Das alte Märchen vom großen Abschied

Hugo von Hofmannsthal oder
Eine Jahrhundertwende, die nicht zu Ende ging

Es war einmal ein Kaiser. Franz Joseph I. bestieg den Thron 1848 mit knapp achtzehn Jahren, und er regierte fast sieben Jahrzehnte. Die Generationen, die kamen und gingen, empfingen, nach dem berühmten Wort eines seiner Untertanen, den »oft unbarmherzigen Glanz Seiner Majestät. Dann lag er eines Tages begraben in der Kapuzinergruft und unter den Ruinen seiner Krone, und die Menschen irrten noch eine Weile lebendig unter ihnen herum.« Und während sie ihn noch verurteilten, wie sie in seiner strengen Schule zu verurteilen gelernt hatten, begannen die jüngsten und widerspenstigsten seiner Untertanen schon, ihn zu beklagen. Merkwürdigerweise hörten sie nie wieder auf zu klagen. Ihre Trauer wuchs, je länger er tot war, und je länger sie lebten, desto abgestorbener fühlten sie sich selber. »Ich habe dich überlebt. Dich, mein Kaiser Franz Joseph, suche ich auf, weil du meine Kindheit und meine Jugend bist.« Das sagte, 1935, der noch nicht vierzigjährige Joseph Roth bei seinem letzten Besuch am Grab des Monarchen.

Es war einmal ein Dichter. Hugo von Hofmannsthal, Untertan Kaiser Franz Josephs, betrat die Szene 1891 mit knapp achtzehn Jahren und wurde fast augenblicklich berühmt. Auf einer Landpartie trug der Primaner den namhaften Schriftstellern Wiens sein erstes Versdrama vor. »Wortlos«, so wurde später über den Ausgang dieser Lesung berichtet, »saßen Arthur Schnitzler und die anderen aus der Stadt Gekommenen, Männer der sicheren Feder und anhebende Meister ihres Handwerks, vor dem Knaben, der seine Blätter zusammennahm.« – »Wissen, Klarheit, Künstlerschaft«, notiert Arthur Schnitzler im März 1891 in sei-

nem Tagebuch, »es ist unerhört in dem Alter.« Noch im gleichen Jahr verbreitete sich der Ruhm des Knaben über Wien hinaus. In Kopenhagen staunte Georg Brandes über die Magie dieser Verse, in München machte sich Stefan George reisefertig, um dem »Zwillingsbruder« den Dichterbund anzutragen, und in Berlin überlegte Rudolf Borchardt, sein Studium abzubrechen, um einer wie Hofmannsthal zu werden. »Meine ganze Last schien mir abgenommen«, schilderte er später den Eindruck, den schon wenige Zeilen des jungen Dichters auf ihn gemacht hatten, und noch nach Jahrzehnten gestand er die »Erschütterung« ein, die ihn seitdem nie wieder verlassen habe.
Mit fünfundzwanzig Jahren war der Dichter zur europäischen Legende geworden, und in einem sonderbaren Übertragungsprozeß erblickten manche in ihm die jugendliche Entsprechungsfigur zum gleichfalls in die Legende entrückten siebzigjährigen Kaiser. Fünfundzwanzig Jahre später war Hugo von Hofmannsthal ein verfallener, unglücklicher und fast vergessener Mann, ein Relikt aus unvordenklichen Zeiten und so gründlich vergangen wie die Gesellschaft, deren Wunderkind er gewesen war.
Die Ursachen dieses Niedergangs waren vielfältig; ihm selber freilich entgingen die Symmetrien zu den weltgeschichtlichen Umstürzen nicht, und noch kurz vor seinem Tode führte er seinen Untergang auf den Tod des Kaisers im Jahre 1916 und den Untergang des Hauses Habsburg zurück: »Eben weil ich mit dem Zusammenbruch Österreichs das Erdreich verloren habe, in welches ich verwurzelt bin ... weil mein eigenes dichterisches Dasein in diesem Zusammensturz fragwürdig geworden ist ... eben darum weil dies alles mir so furchtbar nahe, so unausdenklich bedeutsam ist – kann ich über diese Dinge nur schweigen – sofern ich mich ... nicht schwer zerrütten will.« Hugo von Hofmannsthal überlebte den Kaiser um dreizehn, das Habsburgerreich um elf Jahre. »Wenn er nach den Gedichten und ersten lyrischen

Spielen gestorben wäre«, schrieb mit ungemütlicher Offenherzigkeit Thomas Mann in seinem Nachruf, »es ist wahr, er wäre ein Gott gewesen.« So aber war er schon zu Lebzeiten fast ein Toter geworden: im zynischen Urteil seiner Nachwelt gerade deshalb der Repräsentant des zerfallenen Reichs.

Es waren einmal ein Kaiser, ein Dichter und ein Märchen. Das Märchen wird bis auf den heutigen Tag erzählt: Es ist die Geschichte vom morschen, ausgehöhlten und dem verdienten Untergang entgegentaumelnden Kaiserreich; das Märchen von einer todgeweihten Sozietät, der hellsichtige Künstler das düstere Ende weissagten. Es ist das Märchen der Wiener Gesellschaft von 1900 und damit einer der Geburtsmythen des zwanzigsten Jahrhunderts. Im Bewußtsein dessen, was folgte und was zwei Weltkriege hinterließen, hat die Nachwelt mit unermüdlicher Hingabe jene Gesellschaft auf Klopfzeichen und Signale des drohenden Untergangs abgehört. Darin war auch die Hoffnung, künftigen Katastrophen zu entgehen, wenn man nur die »negative Utopie« der Kunstwerke rechtzeitig vernähme. In fast jedem Kunstwerk von Rang, das zwischen 1890 und 1914 entstanden ist, hat man die Prophetie des kommenden Desasters gesucht und gefunden und daraus die Untergangsreife der gesamten Gesellschaft abgeleitet. Heute, da wir selber an einer Jahrhundertwende stehen, ist es vielleicht an der Zeit, diese Vereinbarung in Frage zu stellen. Die Mitwelt der neunziger Jahre hat unerwarteten politischen und gesellschaftlichen Zusammenbrüchen beigewohnt und erlebt nun an sich selber, wie das früher Undenkbare im nachhinein für zwangsläufig, unausweichlich und historisch notwendig gehalten wird. Das Territorium, das einst die Habsburger beherrschten, erlebt ein zweites Mal in diesem Jahrhundert den Zusammenbruch eines für ewig gehaltenen Systems. Der Kommunismus, über den kaum zufällig Grillparzer als einer der ersten rätselte, war in allem das Gegenteil der alten Monarchie; aber seinen weltgeschichtlichen Auftrag leitete der Kommunismus von ihr ab: Die alte Gesellschaft, so lautete die entscheidende These, sei zwangsläufig untergegangen, Alternativen habe es nicht gegeben, und die Avantgarde der Künstler und Intellektuellen habe den Untergang vorausgesehen.

Haben sie das Ende geahnt? Und wenn sie es geahnt haben, jenseits der Untergangsstimmungen, die ein Merkmal aller Kunst sind, haben sie es gewollt? Und wenn sie es gewollt haben, waren sie dann im Recht, es zu wollen? Diese Fragen sind im Schatten der großen Jahrhundertkrisen – 1918, 1933 und 1945 – immer wieder gestellt und fast immer bejaht worden. Es war Karl Kraus, der für die Zwischenkriegszeit die Interpretation vorgab. Sein Schüler Hermann Broch verschärfte sie unter dem Eindruck des Dritten Reichs in seiner 1948 erschienenen und bis heute bedeutenden Studie »Hofmannsthal und seine Zeit«. Hofmannsthal spielt darin die Rolle des exemplarischen Dichters in Zeiten des »Vakuums« und des Vorboten der Katastrophe. Aber schon die ersten Sätze von Brochs Essay zeigen, wie viele seiner stillschweigenden Voraussetzungen heute, nach weiteren vierzig Jahren, in sich zusammengefallen sind. Die Architektur der zweiten Hälfte des neunzehnten Jahrhunderts, beginnt Broch seine Studie, sei »wohl eine der erbärmlichsten der Weltgeschichte«. So redet der Anwalt von Bauhaus und Funktionalismus, der noch nicht ahnt, welches Desaster die neuen ästhetischen Ideologien nach 1945 hinterlassen werden. Broch hält der Kultur von 1900 ein fehlgeleitetes Krisenbewußtsein vor, scheitert aber an seiner eigenen Gegenwart. An seiner Einschätzung der Wiener Architektur und Kunst um 1900 sind heute erhebliche Zweifel angebracht. Die Hervorbringungen unserer Jahrhundertwende setzen sie in neues Recht. So wirkt das Panorama, das Broch aufrichtet, in Wahrheit selber nur wie eine Kulisse, vor der eine Verfallsgeschichte in Szene gesetzt wird. Broch hat frei-

lich den entscheidenden Schritt getan, indem er erkannte, daß auf dieser Bühne Hofmannsthal die Schlüsselrolle zum Verständnis des Habsburgerreichs spielt.
Hofmannsthal war der letzte Dichter des alten Österreich. Er hat nach seinem sechsundzwanzigsten Lebensjahr keine Gedichte mehr geschrieben. 1902 erscheint der berühmte Chandos-Brief, der die nie mehr überwundene Sprach- und Schaffenskrise dokumentiert; danach schreibt er Dramen, Prosastücke, einen fragmentarischen Roman, aber nie wieder Lyrik im strengen Sinne. Zwar hat er, zählt man die nachgelassenen Verse hinzu, fast hundert Gedichte verfaßt, aber zu Lebzeiten nur siebzehn – ausnahmslos bis 1900 entstandene – für überliefernswert gehalten. Die frühreife, dann plötzlich stockende und vom Leben überholte Produktivität hat Hofmannsthal über die literarische Wirkung hinaus zum wirklichen Protagonisten der zerfallenen Monarchie gemacht. Das »herrliche Kind«, von dem die Wiener sprachen, schien sich mit noch nicht dreißig Jahren so überlebt zu haben, wie der alte und uralt werdende Kaiser in der Hofburg sich und seine Mitwelt zu überleben schien. Schon 1906 erklärte Karl Wolfskehl einem Bewunderer des »Rosenkavaliers«: »Ach, Sie sprechen über den Dichter Hofmannsthal? Der war enorm. Aber der ist 1906 gestorben. Das Libretto ist von seinem Vetter gleichen Namens.« Hofmannsthal hat nach dem Untergang des alten Reiches den Zusammenhang klar erkannt und ihn noch ein Jahr vor seinem Tod auf die Formel gebracht: »Das Paradoxon des scheinbar Noch-bestehen-Könnens bei tatsächlichem Ende.«
Wenn aber die Krise Hugo von Hofmannsthals symptomatisch für seine Zeit war, so war es auch sein Aufbruch. »Das Jahr der Wunder, der drei Tragödien und welcher Gedichte!« – mit diesen Worten charakterisierte Rudolf Borchardt das Jahr 1897, als der dreiundzwanzigjährige Hofmannsthal auf die Höhe seines Ruhms gelangte. Gerade war in den

»Blättern für die Kunst« eines der schönsten Gedichte Hofmannsthals erschienen, in dem sich die berühmten Zeilen finden: »Ganz vergessener Völker Müdigkeiten / Kann ich nicht abtun von meinen Lidern«. Es war dies aber auch, wie wir heute wissen, das Jahrzehnt der Wunder für Österreich und das Haus Habsburg. Ein Wunder, von dem der alte Kaiser wohl niemals Kenntnis nahm, das er nicht verstand und, wenn er es verstanden hätte, vermutlich bekämpft hätte, das aber immerhin unter seiner Herrschaft sich vollzog und in der neuen Geschichte ohne jedes Beispiel ist. Das Jahr 1897 sieht den beginnenden Ruhm Gustav Mahlers und Gustav Klimts; der Architekt Adolf Loos publizierte seine ersten Arbeiten, und Anton Bruckner war erst ein Jahr zuvor als Gast des Kaisers im Belvedere gestorben. Sigmund Freud schrieb an seiner »Traumdeutung«, Arthur Schnitzler und Karl Kraus publizierten. Hofmannsthal war die jüngste und spektakulärste Erscheinung in diesem bis heute rätselhaften Ausbruch an Genialität.

Er war aber nicht nur der letzte der alten, sondern, was die Zeitgenossen nicht wissen konnten, der erste einer neuen Generation, die in diesem Jahrzehnt noch die Schule oder Universität besuchte. Es waren die letzten Zöglinge, die noch vom Kaiserreich und seinen Ableitungen geprägt werden sollten: Arnold Schönberg, Anton von Webern und Alban Berg, Egon Schiele und Oskar Kokoschka, Ludwig Wittgenstein und Otto Weininger, Franz Kafka, Robert Musil, Joseph Roth, Italo Svevo, Stefan Zweig, Rainer Maria Rilke und Georg Trakl. In den letzten fünfundzwanzig Jahren seines Bestehens sah das Habsburgerreich eine solche Fülle von Talenten wie kaum eine Gesellschaft zuvor. Der Blick auf diese Figuren streift auch die Realschule zu Linz im Sommer 1903. Ludwig Wittgenstein besucht dort, ein Jahr heraufgestuft, die fünfte Klasse. In der dritten Klasse, ein Jahr herabgestuft, sitzt zur gleichen Zeit Adolf Hitler. Es ist dieses merkwürdige Produkt aus den im Habs-

burgerreich kursierenden Ressentiments und Affekten, das der Spätzeit des Staates jenen apokalyptischen Zug verleiht, den Karl Kraus verkündete. Denn die wichtigen Künstler und Intellektuellen des Reiches waren zum Großteil Juden, und der Staat, in dem sie aufwuchsen, war doch auch gleichzeitig die Geburtsstätte ihres Vernichters.
Sie alle wuchsen buchstäblich unter den Augen einer zwiespältigen Vaterfigur auf. In jedem Klassenzimmer, in jeder Amtsstube, in jeder Schaufensterauslage war das Bild des Kaisers zu sehen. Bei Hofmannsthal entwickelt er sich zur mythischen Idee, Rilke überträgt die bewunderte zeremonielle Welt des Hofes nicht nur in sein Werk, sondern auch in sein Leben, Joseph Roth und Robert Musil kommen zeitlebens von dem Untergang Habsburgs nicht los. Gewiß haben sie gelitten, nicht zuletzt an den mächtigen Vaterbildern, die ihr Werk von Anfang bis Ende durchziehen. »Wir sollen«, so brachte Hofmannsthal 1905 die Generationsstimmung auf den Begriff, »von einer Welt Abschied nehmen, ehe sie zusammenbricht. Viele wissen es schon, und ein unnennbares Gefühl macht Dichter aus vielen.« Solche Abschiedsstimmungen und Untergangsphantasien durchziehen in der Tat das Werk von ihnen allen. Aber keiner meint es ernst, keiner glaubt an die Abschaffung dieser Welt von gestern, und der revolutionäre, gewalttätige Ton, der etwa die Münchner Moderne bis hin zum George-Kreis kennzeichnet, fehlt in Wien, der alten Hauptstadt der Gegenreformation, fast vollständig. »Wir, die wir in Wien geboren und aufgewachsen sind, hatten während der glanzvollen Zeit der Stadt vor dem Ersten Weltkrieg keine Ahnung, daß diese Epoche das Ende bedeuten sollte ... und noch viel weniger ahnten wir, daß die Habsburger Monarchie ... zum Untergang bestimmt war.« Das ist die vielleicht nicht bedeutende, aber immerhin buchenswerte Stimme von Max Graf. Die Weltgeschichte, so hat Albert Fuchs das Lebensgefühl der Epoche beschrieben, war »mit der Schlacht von

Königgrätz zu Ende gegangen. Größere Veränderungen waren nun nicht mehr zu erwarten.« Tatsächlich finden sich unter den Künstlern der Donaumonarchie für die Zeit von 1890 bis 1914, neben Kritik und beginnendem Grauen, erstaunlich viele freundliche, ja ergriffene Stimmen.

Gewiß sind sie durch die Erinnerung und durch die Kenntnis dessen, was kam, geschönt. Und gewiß wäre es absurd, das Krisenbewußtsein der Wiener Moderne zu leugnen. »Das Gellen der Todesschreie, die sich an modrigen Mauern brachen; diese ineinander geknäuelten Krämpfe der Ohnmacht, durcheinander hinjagende Verzweiflungen; das wahnwitzige Suchen der Ausgänge.« Das ist keine Schlachtbeschreibung aus dem Ersten Weltkrieg, sondern die berühmte Ratten-Passage aus Hofmannsthals 1902 erschienenem Chandos-Brief. In der »Elektra« etwa erkannte Hermann Bahr das Barbarische der Botschaft sofort. Aber all dies trägt in Österreich – anders als in Deutschland – immer wieder die Züge eines Abwehrzaubers. Es ging im Kern des Vorstellbaren bei vielen nicht um Revolution. Es ging um Reformation der Gesellschaft durch die Revolution der Kunst. Das Wien der späten Kaiserzeit war für einige kurze Augenblicke der letzte Ort im zwanzigsten Jahrhundert, in dem der Gedanke, Geschichte sei Fortschritt und Fortschritt Emanzipation, noch nicht gesiegt hatte. Die Untergangsphantasien verbündeten sich nicht mit dem leuchtenden Prospekt der Zukunft, sie banden sich viel häufiger an den Traum von einer Rückkehr in die Geschichte. Als Hofmannsthal nach dem Krieg den Gedanken der »schöpferischen Restauration« formulierte, wurde er von den Berliner Intellektuellen sogleich verhöhnt. Joseph Roth erklärte 1933: »Ich will die Monarchie wieder haben, und ich will es sagen«, und er erregte damit das tiefe Befremden etwa von Klaus und Heinrich Mann. Immer war ausgemacht, daß diejenigen, die das Alte wollten, von der Geschichte widerlegt seien. Aber waren sie es wirklich?

Erst als auch Wien, sehr verspätet, von jener Gründerzeitstimmung ergriffen wurde, die jede Allianz eingeht, wenn sie nur dem Neuen gilt, sprachen auch Hofmannsthal und sein Kreis von der gefährlichen Labilität des Reichs. »Sie zerstören uns Wien, erhebt man seine Stimme, so nützt es nichts« – das schrieb Hofmannsthal seinem Freund Leopold von Andrian im August 1913. Anlaß war die Stadterneuerung, der das alte Wien zum Opfer fallen sollte. »Nicht als ob mir der Gedanke erwünscht oder auch nur erträglich wäre, dieses alte Reich auseinanderfallen zu sehen. Aber für ein bloßes Bestehen, ohne jede Idee ... kann man seine Seele nicht einsetzen, ohne an der Seele Schaden zu leiden. Hiergegen war die Metternichische Epoche beseelt: denn reactionär oder nicht, sie diente einer Idee. Welcher aber wir?«
Ein Jahr vor dem Krieg, und eigentlich zu spät, hat Hofmannsthal den entscheidenden Punkt erkannt. Österreich hätte – und sei es für einige imaginäre Stunden – die Chance gehabt, eine rückwärtsgewandte Utopie zu entwickeln, gegen die Ideologien und Energien des Jahrhunderts einen anderen Begriff von Geschichte zu restaurieren. »Jede Neuerung«, so hat Broch mit kritischem Unterton über den Kaiser geschrieben und ihn darin mit Hofmannsthal verglichen, »und sei sie noch so geringfügig, jede technische Erfindung, jede Lebensmodernisierung, ob durch Automobile oder Aufzüge ... das alles wurde ihm zum Symbol und Symptom jener Kräfte, die Österreich an den Abgrundsrand brachten.«

Hugo von Hofmannsthal und Joseph Roth, die berühmtesten Apologeten der alten Monarchie, sind für ihre politischen Optionen fast immer verhöhnt worden. Vielleicht ist nichts erbitternder an den gängigen Klischees über das Ende der Donaumonarchie als die Tatsache, daß man den Zusammenhang zwischen der ästhetischen Revolution und der Existenz dieses Staates stets nur abwertend beurteilt hat. Gewiß kann man das tun und im Verfall die produktiven

Energien gleichsam freiklopfen. Die Vorstellung von der »Notwendigkeit« historischer Prozesse ist ebenso wie das »Gesetz der Geschichte« am Ende des zwanzigsten Jahrhunderts eine anfechtbare und widerlegbare Formel. Geschichte schreitet nicht voran, und Gesellschaften sind nicht per se zum Untergang verurteilt.

Die Idee einer Vergangenheit, die niemals altert und Gegenwart und Zukunft bestimmt – das war auch die Entdeckung Sigmund Freuds, der freilich nicht von der »Idee«, sondern von frühkindlich erworbenen, lebenslang wirkenden Prägungen sprach. Freud, Hofmannsthal, Joseph Roth: in ihnen allen lebte der gegen die herrschende Ideologie gerichtete Gedanke, daß die Vergangenheit ihre Zukunft noch vor sich habe.

Hofmannsthal hat die heraufziehende technische Revolution als Vampirismus erfahren und in einer Selbstbeschreibung davon gesprochen, daß seine Generation als »Gespenst« unter die Lebenden gekommen sei. Viel zutreffender ist aber, daß ihm das Leben, das er abbilden wollte, unter der Hand zu Gespenst und Phantom wurde und dem literarischen Zugriff, anders als beim geschätzten Arthur Schnitzler, immer wieder entglitt. Die Sprachverzweiflung von Lord Chandos muß man auch als Rechtfertigungsfigur des verweigerten Blicks lesen. Schorkse hat darauf hingewiesen, wie sehr die Militärzeit in Galizien, die Berührung mit Armut, Enge und Wut, den jungen Hofmannsthal verstört hat. Es bedurfte aber der Zerstörung aller gesellschaftlichen Zusammenhänge, um den verweigerten Blick wieder mit gutem Gewissen auf die nun verlorengegangene Sozietät zu richten.

Der Sprachkrise entspricht eine zweite, gleichsam alles umkehrende Erfahrung aus dem vorletzten Kriegsjahr. Im Juni 1917 trifft Hofmannsthal in Prag ein, um dort für seine Idee Österreichs zu werben. Die Prager Intellektuellen wollen von der restaurativen Vision des Vielvölkerstaats nichts wissen. Hofmannsthal dagegen ist von ihrer politischen – Freiheit und Autonomie fordernden – Rhetorik ergriffen. Aber anders als ein Jahr später George oder Rilke gerät Hofmannsthal keinen Augenblick in die Nähe des revolutionären Begehrens. Die Erlebnisse in Prag, die Einsicht in den Anachronismus des eigenen Programms, die Erkenntnis, daß Ideen einer neuen Wirklichkeitsform zutreiben, lösen die anhaltende literarische Krise auf.

In fast rührender Verkennung der historischen Lage beginnt er alte und neue Freunde um sich zu versammeln und erträumt die »Gemeinschaft der Geister«, die dem ausgepowerten Nachkriegseuropa neuen Sinn und neue Gedanken verschaffen sollen. Begegnungen und Akademien werden geplant, Sammelbände und Streitschriften erwogen. All dem leiht Hofmannsthal seine Autorität und seinen Namen. Es scheint, daß es ihm zunächst nur um eine Probe ging, darum nämlich, ob die Geister, die die Vorkriegszeit prägten, nach der Katastrophe noch einmal Ansprüche anmelden durften. Man wird in der Annahme nicht fehlgehen, daß mit der Herstellung von Kontinuität der Verlust der eigenen Rolle kompensiert werden sollte.

All das blieb wirkungslos. Hofmannsthals Einfall, durch Symposien vom Weltkrieg heilen zu können, bezeugt, wie wenig ihm die Korrosion des Sozialen begreiflich gewesen war. Unter den Leitfiguren der Epoche ist er gewiß derjenige, der die Legitimitätsfrage, die jede Revolution stellt, vor allem als Anschlag auf sich selbst empfand. George und Rilke haben in der deutschen Revolution von 1918 die Verführung zum Mittun gespürt und waren bereit, zu stürzen, was schon im Fallen war. Hofmannsthal dagegen wirkt wie der Botschafter aus einer alten Welt, der die Rechtsverhältnisse eines in seinem Rücken längst versinkenden Reichs erklärt. Und doch ist es dieses an seinen Rechtswidersprüchen scheiternde Reich, das die Legitimität des Kunstschaffens im zwanzigsten Jahrhundert wieder begründet hat.

Es bleibt merkwürdig, daß viele der bis heute nicht überbotenen ästhetischen Positionen des Jahrhunderts zu einem beträchtlichen Teil von Untertanen Kaiser Franz Josephs formuliert worden sind. Widerwillig und sogar feindselig hat jene Sozietät an geistigen Entdeckungen partizipiert, die uns bis auf den heutigen Tag in Bann halten. Das ist ein später Triumph. Denn eine ehrgeizige und zielstrebige Nachwelt hat trotz allen Bemühens die Modernität Kafkas oder Rilkes, Hofmannsthals oder Joseph Roths nicht einholen können. Altmodisch stehen wir hinter ihnen zurück.

Manche freilich ...

Manche freilich müssen drunten sterben,
Wo die schweren Ruder der Schiffe streifen,
Andre wohnen bei dem Steuer droben,
Kennen Vogelflug und die Länder der Sterne.

Manche liegen immer mit schweren Gliedern
Bei den Wurzeln des verworrenen Lebens,
Andern sind die Stühle gerichtet
Bei den Sibyllen, den Königinnen,
Und da sitzen sie wie zu Hause,
Leichten Hauptes und leichter Hände.

Doch ein Schatten fällt von jenen Leben
In die anderen Leben hinüber,
Und die leichten sind an die schweren
Wie an Luft und Erde gebunden:

Ganz vergessener Völker Müdigkeiten
Kann ich nicht abtun von meinen Lidern,
Noch weghalten von der erschrockenen Seele
Stummes Niederfallen ferner Sterne.

Viele Geschicke weben neben dem meinen,
Durcheinander spielt sie alle das Dasein,
Und mein Teil ist mehr als dieses Lebens
Schlanke Flamme oder schmale Leier.

(1895)

Einem, der vorübergeht

Du hast mich an Dinge gemahnet,
Die heimlich in mir sind,
Du warst für die Saiten der Seele
Der nächtige flüsternde Wind

Und wie das rätselhafte,
Das Rufen der atmenden Nacht,
Wenn draußen die Wolken gleiten
Und man aus dem Traum erwacht,

Zu blauer weicher Weite
Die enge Nähe schwillt,
Durch Zweige vor dem Monde
Ein leises Zittern quillt.

(1891)

Reiselied

Wasser stürzt, uns zu verschlingen,
Rollt der Fels, uns zu erschlagen,
Kommen schon auf starken Schwingen
Vögel her, uns fortzutragen.

Aber unten liegt ein Land,
Früchte spiegelnd ohne Ende
In den alterslosen Seen.

Marmorstirn und Brunnenrand
Steigt aus blumigem Gelände,
Und die leichten Winde wehn.

(1898)

Das Geburtshaus Hofmannsthals, Wien III, Salesianergasse 12.

Die wundervolle, unerschöpflich zauberhafte Stadt mit dieser rätselhaften, weichen, lichtdurchsogenen Luft! Und unterm traumhaft hellen Frühlingshimmel diese schwarzgrauen Barockpaläste mit eisernen Gittertoren und geschnörkelten Moucharabys, mit Wappenlöwen und Windhunden, großen, grauen, steinernen! Diese alten Höfe, angefüllt mit Plätschern von kühlen Brunnen, mit Sonnenflecken, Efeu und Amoretten. *Hugo von Hofmannsthal, 1894*

Das Pfarrhaus in Sellin in der Neumark, in dem Gottfried Benn aufwuchs.

Ein Dorf mit 700 Einwohnern in der norddeutschen Ebene, großes Pfarrhaus, großer Garten, drei Stunden östlich der Oder. Das ist auch heute noch meine Heimat, obgleich ich niemanden mehr dort kenne, Kindheitserde, unendlich geliebtes Land. Dort wuchs ich mit den Dorfjungen auf, sprach platt, lief bis zum November barfuß, lernte in der Dorfschule, wurde mit den Arbeiterjungen zusammen eingesegnet, fuhr auf den Erntewagen in die Felder, auf die Wiesen zum Heuen, hütete die Kühe, pflückte auf den Bäumen die Kirschen und Nüsse, klopfte Flöten aus Weidenruten im Frühjahr, nahm Nester aus.

Gottfried Benn, Doppelleben

Das Glockenspiel spielt die »letzte Rose« in den ernsten freundlichen Abend hinein, so süß-bewegt, daß der Himmel sich ins Unendliche wölbt! Und der Brunnen singt so melodisch hin über den Residenzplatz, und der Dom wirft majestätische Schatten. Und die Stille steigt und geht über Plätze und Straßen. ... Ich weiß nicht ob jemand den Zauber dieser Stadt so wie ich empfinden kann, ein Zauber, der einem das Herz traurig von übergroßem Glücke macht! *Georg Trakl an seine Schwester, 1908*

Trakls Geburtshaus, das sogenannte »Schaffnerhaus«, in Salzburg.

Stefan George als Kind.

So klingt durch alle Stufen der Dichtung der frühste Traum wieder auf, dem noch der »Stern des Bundes« zu folgen befiehlt: der Traum des jugendlichen Königtums, in dem der kindliche Herrscher zur eigenen Sprache sich auch den Raum zur eignen Tat, sein Volk und seinen Staat ersann ... So wuchs er im geraden Gegensatze zur theoretisch-literarischen Erziehung eines Bürgerkindes der großen Stadt mitten im tätigen Treiben der an Brauch und Herkommen noch enggebundenen Rheinstadt auf, in welche die zersetzenden Mechanisierungen noch nicht eingedrungen waren, in der noch ... die alte Sitte und der alte Glaube die unbewußte Grundlage bildeten.

Friedrich Wolters, Stefan George und die Blätter für die Kunst, 1930

Hugo von Hofmannsthal als Schüler 1880.

Damals bekam er die historischen Erzählungen für die reifere Jugend in die Hand. Das antiquarische Detail, die exotischen Namen, die Titel, das Kostüm nahmen ihn sehr ein: er fing an, sich in Kostüm zu sehen und in kostümierten Redensarten zu denken. Er genoß das seltsame Glück, seine Umgebung zu stilisieren und das Gewöhnliche als Schauspiel zu genießen. Das Erwachen kam über ihn und das Erstaunen über sich selbst und das verwunderte Sich-leben-Zusehen.
Hofmannsthal, Age of Innocence, 1891

Wien, Ringstraße um 1905.

Die Wesensart einer Periode läßt sich gemeiniglich an ihrer architektonischen Fassade ablesen, und die ist für die zweite Hälfte des 19. Jahrhunderts, also für die Periode, in die Hofmannsthals Geburt fällt, wohl eine der erbärmlichsten der Weltgeschichte; es war die Periode des Eklektizismus, die des falschen Barocks, der falschen Renaissance, der falschen Gotik.
Hermann Broch, Hofmannsthal und seine Zeit

Kaiser Franz Joseph in Bad Ischl, August 1910.

Den Kaiser Franz Josef zuletzt umgab dies mit geschichtlicher Größe: er war der Urenkel der großen Kaiserin, durch sie Karls des V., dann der des »letzten Ritters«, endlich Rudolfs von Habsburg, der unmittelbar auf die Hohenstaufen gefolgt war.
Hofmannsthal 1925

Georg Trakl (in der Mitte), 1890.

Ich bin immer traurig, wenn ich glücklich bin! Ist das nicht merkwürdig! *Trakl 1908*

Hofmannsthal als Reserveleutnant der Ulanen, 1897.

Allerdings habe ich seit fast einem Jahr keinen Vers, kaum hie und da eine reflectierende Prosazeile gearbeitet und lebe in der Uniform eines österreichischen Dragoners ein dem Seelischen durch physische Müdigkeit ziemlich entrücktes Leben. Das wird der Sommer, und viel Reiten durch Abenddämmerung, Wind und Sternlicht, vielleicht ändern. *Hofmannsthal an George, 1895*

Ich hätte ... mein Leben ... nicht verwirklichen können, wenn ich nicht, durch Jahrzehnte, alle Erinnerungen an die fünf Jahre meiner Militärerziehung verleugnet und verdrängt hätte; ja, was hab ich nicht alles für diese Verdrängung getan. Es gab Zeiten, da der mindeste Einfluß aus jener abgelehnten Vergangenheit das neue fruchtbare und eigentümliche Bewußtsein, um das ich rang, zersetzt haben würde –, und ich mußte, wo er sich etwa innerlich aufdrängte, mich über ihn hinwegheben, wie über etwas, was zu einem fremdesten, ja unkenntlichen Leben gehört.
Rilke 1920

Rilke als Kadett.

Hofmannsthal als Student 1893.

Mit achtzehn Jahren, als nachts in einem Stadtcafé im alten Palais Herberstein plötzlich ein unheimlich und gebieterisch aussehender, vielleicht noch sehr junger, vielleicht viel älterer Mensch auf mich zutrat, der Stefan George war und sagte, er suche mich und er sei nur deswegen nach Wien gekommen. Das Leben wurde mir durch die Begegnung nicht weniger unheimlich, vielleicht sogar mehr – aber ich fühlte mich selbst in mir, wie etwas Kraft, Liebe und Hoffnung Gebendes. *Hofmannsthal an Carl J. Burckhardt*

George um 1903.

Ich war des festen glaubens dass wir Sie und ich durch jahre in unsrem schrifttum eine sehr heilsame diktatur hätten üben können. dass es dazu nicht kam dafür mach ich Sie allein verantwortlich. Ich gebe zu dass die art wie ich manchmal von Ihnen aufklärung verlangte zu plötzlich war – gewiß war sie immer schmeichelhaft und ehrend. mich schmerzte es Sie mit soundsovielen belanglosen menschen in der gleichen schlachtreihe zu sehen ... Heut ist dies nun alles leichter zu vergessen da unsre bestrebungen doch zu einem guten ende geführt wurden und eine jugend hinter uns kommt voll vertrauen selbstzucht und glühendem schönheitswunsch. *George an Hofmannsthal, 1902*

Trakl um 1907.

Ich glaube, es müßte furchtbar sein, immer so zu leben, im Vollgefühl all der animalischen Triebe, die das Leben durch die Zeiten wälzen. Ich habe die fürchterlichsten Möglichkeiten in mir gefühlt, gerochen, getastet und im Blute die Dämonen heulen hören, die tausend Teufel mit ihren Stacheln, die das Fleisch wahnsinnig machen. Welch entsetzlicher Alp!
Trakl an seine Schwester, 1908

Gottfried Benn 1910.

Abends, ich wohnte im Nordwesten von Berlin und hatte im Moabiter Krankenhaus einen Sektionskurs gehabt. Es war ein Zyklus von sechs Gedichten, die alle in der gleichen Stunde aufstiegen, sich heraufwarfen, dawaren, vorher war nichts von ihnen da; als der Dämmerzustand endete, war ich leer, hungernd, taumelnd und stieg schwierig hervor aus dem großen Verfall.

Benn über die Entstehung seiner ersten Gedichte

Georg Trakls
Krankenzelle im
Garnisonsspital
Krakau.

Das Lied von Kaspar Hauser

Georg Trakls Stille

In der Krankengeschichte Georg Trakls, die am 4. November 1914 mit dem Eintrag seines am Vorabend erfolgten Todes endet, findet sich folgende Beschreibung des Dichters: »Als Kind versuchte er sich selbst zu töten. Zum ersten Mal als 5jähriges Kind in's Wasser gesprungen. Das letzte Mal im Frühjahr laufenden Jahres. Sonst ›vollkommen gesund‹ ... Gut gelernt. Studium ohne Schwierigkeiten. Gedient 1908. Während der Mob.(ilmachung) freiwillig gemeldet. Eingerückt am 1. August ... Seit Jahren schon leidet er zeitweise an schweren psychischen Depressionen mit Angstzuständen, dann fängt er an stark zu trinken, um sich von dieser Angst zu befreien. Seit seiner Kindheit schon hat er zeitweise Gesichtshallucinationen, es kommt ihm vor wie wenn hinter seinem Rücken ein Mann mit gezogenem Messer steht. Von 12–24 Jahren hat er keine solche Erscheinungen gehabt, jetzt seit 3 Jahren leidet er wieder an diesen Gesichtstäuschungen ausserdem hört er sehr oft Glockenläuten. Seinen Vater hat er nicht für eigenen gehalten, sondern er hat vermutet, dass er von einem Kardinal abstammt und dass er in Zukunft ein großer Herr wird.«
Das ist eine Kurzerzählung über die Krankheit zum Tode. Geschrieben ist sie in der Kanzleisprache Habsburgs, und gewiß war die Akte dazu bestimmt, in den Archiven der Behörde für immer zu verschwinden. Die Sprachkruste der amtlichen Krankengeschichte stülpt sich wie eine Hohlform über das Gespräch, das der Arzt mit seinem Patienten geführt hatte. Trakl wird ihm gesagt haben, daß er abgesehen von den Erscheinungsformen seiner täglichen Hölle »vollkommen gesund« sei. Im Protokoll des Mediziners klingt diese Mitteilung wie Hohn. Die Anführungszeichen sollen

signalisieren, daß es sich nicht um eine ärztliche Diagnose, sondern um eine Selbstbeschreibung des Patienten handelt – gerade so als wäre das Gefühl, immer »vollkommen gesund« gewesen zu sein, die befremdlichste Halluzination des an Paranoia Leidenden.

Vieles in diesem Bericht stimmt nachweislich nicht, manches mag unter der Einwirkung von Drogen und Medikamenten von Trakl falsch dargestellt, anderes vom Arzt mißverstanden worden sein. Dennoch bleibt das Schriftstück als Dokument von unschätzbarem Wert, weil es zeigt, unter welchen Umständen Habsburg sich am Ende die Biographien seiner Söhne erzählte.

Freud hat mit Blick auf die Epoche vom »Familienroman der Neurotiker« gesprochen. Man erfindet sich andere Eltern als die leiblichen, schreibt sich fiktive Genealogien zu und schreitet als verkannter Prinz durch die Welt – eine Operation, die ungeahnte produktive Energien freisetzen kann. In den Biographien von George und Rilke trifft man immer wieder auf dieses Motiv. Trakl aber ist derjenige, der den Preis der Identität zahlt, ohne durch das Geschenk des Romans, das heißt einer von ihm überwachten Lebensgeschichte, belohnt zu werden.

»Ich werde endlich doch immer ein armer Kaspar Hauser bleiben«, schreibt Trakl im April 1912 aus Innsbruck. Das war nicht nur die Ambition, in ganz anderen Zusammenhängen geboren worden zu sein, als sie der Lebenslauf behauptete. Es war die Vermutung, über ein Geheimnis zu verfügen, das sich irgendwann aus dem Geflecht der mühsam erlernten Sprache und der langsam zurückkehrenden Erinnerung zusammensetzen würde. Kaspar Hauser wurde in dem Augenblick, da dieses Gedächtnis zu Wort kam, getötet. Das allein machte sein Schicksal für die Privatmythologie eines Dichters attraktiv.

Trakl kannte Paul Verlaines »Gaspard Hauser chante« und den Roman Jakob Wassermanns. Aber er scheint immer so gelesen zu haben, wie andere Menschen in den Spiegel schauen. Jedenfalls war am Ende aus dem Mienen- und Rollenspiel ernst geworden. »Außerdem hört er sehr oft Glockenläuten« und glaubt, »daß hinter seinem Rücken ein Mann mit gezogenem Messer steht«. Man merkt sofort, daß das die sehr präzise Beschreibung von Kaspar Hausers Todesstunde ist.

»Ernsthaft«, wie es im »Kaspar Hauser Lied« heißt, legte sich Trakl die Geschichte seiner Herkunft zurecht. Das Findlings-Motiv schuf eine unbeschriebene Projektionsfläche in der Vergangenheit. Aber gleichzeitig hat es keinen zweiten Dichter gegeben, der so sehr in die eigenen familiären Verhältnisse gesperrt war wie Trakl. Die bis heute nicht aufgeklärte Beziehung zu seiner Schwester Margarethe trug gewiß Königskinder-Züge, und alle Zeugnisse sprechen dafür, daß gerade die künstlerisch ambitionierte Schwester in der Ritualisierung ihres Lebens eine Kompensation fand. Jenseits der Frage, was wirklich geschah, belegen Trakls Schuldbekenntnisse, seine von inzestuösen Wunschvorstellungen beherrschte Phantasie, sein triebhaft artikuliertes »Verzeih uns«, daß er überzeugt war, den Rechtsbegriff der Familie gebrochen zu haben. »Meinem geliebten, kleinen Dämon, der entstiegen ist dem süßesten und tiefsten Märchen aus 1001. Nacht«, lautet die berühmte Widmung, mit der er im Sommer 1908 der Schwester Flauberts »Madame Bovary« überreichte. Er hat die Beziehung zu seinem Dämon in Gedichte umgesetzt, und nicht zu Unrecht hat man darauf hingewiesen, daß Trakls gesamtes Werk auch die Geschichte dieser Liebe erzählt. Aber all die Dokumente des Ausgeliefert- und Getriebenseins können nicht über die erstaunliche Energie hinwegtäuschen, mit der er die Liebesbeziehung mit der Schwester zum geschichtlichen Symbol seiner Zeit macht.

»Erschütternd ist der Untergang des Geschlechts«, schreibt er im »Helian«. Das ist nicht nur das Echo auf Weiningers

»Geschlecht und Charakter«, ein Buch, das ihn anfänglich begeisterte und später erbitterte, sondern mehr noch eine Vorhersage an die Schwestern, die »ferne zu weißen Greisen gegangen« sind. Denn Inzest unterbricht die Kette der Generationen und beendet Geschichte. Noch ehe der Ausbruch des Weltkriegs diese Zerstörung des historischen Prozesses einleuchtend machte, fand Trakl in dem Motiv der Schwesterliebe dessen radikalen Ausdruck. Darum ist in diesen Gedichten so viel von den Ungeborenen die Rede, die nie auf die Welt kommen werden. Der Botschaft entspricht das Bekenntnis, daß er seine Mutter »so gehaßt« habe, »daß ich sie hätte ermorden können«. Dem alten Satz der Tragödie, das größte Glück bestehe darin, überhaupt nicht geboren zu werden, antwortet Trakl mit der fast messianischen Versicherung, daß er Schuld auf sich nehme, um Geburt zu verhindern.

Die Korrespondenz lebensweltlicher Verstrickung und künstlerischer Antriebe läßt sich bei Trakl – anders als bei George, Rilke oder Benn – kaum durchleuchten. Zwar ist sein Leben ausführlich dokumentiert, aber nicht nur die Kargheit der Selbstzeugnisse, sondern auch die Struktur seiner Gedichte unterlaufen alle Versuche, die Mechanismen der Selbsttäuschung und Selbstinszenierung zu analysieren. Da nach dem Tode Gretls alle Briefe vernichtet wurden und die Familie bis zuletzt eisernes Stillschweigen über die Vorgänge vor allem in Salzburg und Berlin wahrte, läßt sich nicht feststellen, inwieweit das Schwester-Mythologem bewußt zum Vehikel der Inspiration umgeformt wurde. Trakl jedenfalls hat in seinen Äußerungen durchblicken lassen, daß die »Schuld«, von der er sprach, dem Gedicht vorausgegangen sei und in ihm fast wider den Willen des Urhebers Form gesucht habe.

Er hat an seine Mythen wie an Wirkliches geglaubt. Den emotionalen Aspekt, den etwa das Kaspar-Hauser-Motiv in ihm bildete, kann man den Gedichten und Briefen ablesen.

Es liegt auf der obersten Schicht seiner Rede:

Stille fand sein Schritt die Stadt am Abend;
Die dunkle Klage seines Munds:
Ich will ein Reiter werden.

Ihm aber folgte Busch und Tier,
Haus und Dämmergarten weißer Menschen
Und sein Mörder suchte nach ihm.

Die Stadt und die Menschen schweigen im »Kaspar Hauser Lied«; nur der Vogel singt und der Gott redet. Trakls »Stille« hat nie etwas Vorübergehendes. Sie ist nicht Pause, die das Tun und Reden der Leute unterbricht und strukturiert, so wie Tag und Nacht die Zeit einteilen. Es ist eine Stille, die mit dem Schritt Kaspar Hausers mitläuft, ihn überholt und als Echo von vorne zurückkehrt. Syntaktisch hat Trakl diese Bewegung in vielen seiner Texte nachgebildet:

Es ist niemand im Haus. Herbst in Zimmern;
Mondeshelle Sonate
Und das Erwachen am Saum des dämmernden Walds.

(...)

Also zittert im Dunkel der Fremdling,
Da er leise die Lider über ein Menschliches aufhebt,
Das ferne ist; die Silberstimme des Windes im Hausflur.
(*»Hohenburg«*)

Das Bild, welches das Satzende einholt (»Das ferne ist«), wird durch eine Stimme gebrochen, die schon die ganze Zeit in dem Gedicht mitredete, ohne daß sie zu hören war. So wird die »Silberstimme« buchstäblich in die Zeit des Gedichts zurückgeholt, wie etwas Vergessenes oder Überhörtes, aber auch etwas, das weitersprechen wird, wenn das letzte Wort des Gedichts gesagt ist. Die projizierte Einsamkeit und Vereinzelung, mit der viele dieser Gedichte beginnen, zeigt erst am Schluß, daß sie in Wahrheit ausholend und besitzergreifend ist. Der Wind muß bis zur letzten Verszeile schweigen, erst dann, gleichsam als in die Welt entlaufendes Geräusch, darf er reden. Nicht die Sprache ist erworben, sondern, in einer Verkehrung des Kaspar-Hauser-Motivs, die Stille. Denn in Wahrheit redet, tobt und donnert es unablässig. Nur ist das Subjekt dieser Gedichte kein Ich, sondern ein Neutrum, »ein Schatten«, »ein Ruhendes«, ein Ding oder eine Farbe.

In solchen Bildern kehrt die Vorstellung zurück, Medium zu sein, das die Taten und Qualen der Erscheinungswelt zum Austragungsort der Sprache macht. Das »Es« von Trakls Gedichten ist nicht auf dem Weg, lyrisches Subjekt zu werden. Nicht das Auge des Subjekts schweift über die Welt, sondern die Welt schweift wie in Platons Höhle in unzähligen Metamorphosen an ihm vorbei, belegt es mit seinen Bildern und prägt es um. Trakl erfaßt das Neutrum in dem Moment, da es gerade noch genug Gedächtnis hat, um sein Ich verlorengehen zu sehen. Es gibt in diesen Gedichten kein letztes Wort, so wie es kein endgültig benanntes Ding gibt. Die Einrichtungen der Welt verwandeln sich innerhalb weniger Zeilen. Der Dichter gewinnt damit gewiß nicht die Herrschaft über die Dinge, aber er erobert, was an ihnen verlorengeht.

Der Sprachphilosoph Ludwig Wittgenstein, der Trakl über die Vermittlung Ludwig von Fickers mit zwanzigtausend Kronen finanziell unterstützte, hat nach dem Tode des Dichters bekannt, daß er dessen Gedichte »für genial halte, ohne sie zu verstehen«. Der Philosoph und der Dichter sind sich nie begegnet, aber schon dieses äußerliche, durch Wittgensteins Schenkung hervorgerufene Zusammentreten schafft jene »Momentaufnahme der europäischen Intelligenz«, von der, in anderem Zusammenhang, Walter Benjamin geredet hat. In gewissem Sinn hat Wittgenstein die Grammatik der Kaspar-Hauser-Welt geschrieben. Zu erkennen, was der Fall ist, um zu wissen, was nicht ist – das ist das präzise Gegenprogramm zu Trakls Lyrik, die nur über die Schatten eine Ahnung des Lichts gewinnt.

In den Dokumenten, die das Leben in der ersten Jahrhunderthälfte abbilden, finden sich immer wieder Szenen von eigentümlichem historischem Pathos, Augenblicke, die schon in ihrem lebensweltlichen Gehalt so aufdringlich sind, daß sie in der Literatur darüber gar nicht mehr symbolisch überhöht werden können. Eine solche Szene spielt sich am 5. und 6. November 1914 in Krakau ab. Wittgenstein ist einem Ruf Trakls gefolgt, der zur Beobachtung seines Geisteszustandes in der Psychiatrischen Abteilung des Garnisonshospitals liegt und den Gönner um einen Besuch gebeten hat. Am Abend des fünften November kommt Wittgenstein in Krakau an. In seinem geheimen Tagebuch notiert er: »Bin sehr gespannt, ob ich Trakl treffen werde. Ich hoffe es sehr. Ich vermisse sehr einen Menschen, mit dem ich mich ein wenig ausreden kann. Es wird auch ohne einen solchen gehen müssen. Aber es würde mich sehr stärken. Den ganzen Tag etwas müde und zur Depression geneigt. Nicht sehr viel gearbeitet. In Krakau. Es ist schon zu spät, Trakl heute noch zu besuchen. – Möge der Geist mir Kraft geben –«

Einen Tag später besucht Wittgenstein das Spital. »Erfuhr dort, daß Trakl vor wenigen Tagen gestorben ist. Dies traf mich sehr stark. Wie traurig, wie traurig!!! ... Nicht gearbeitet. Der arme Trakl. – Dein Wille geschehe.–«

Es ist schlechthin unüberbietbar, den gemütskranken und auf Stärkung hoffenden Ludwig Wittgenstein dem toten Georg Trakl entgegenreisen zu sehen. Nicht nur die Vergeblichkeit, die schon im Aufbruch dieser Reise steckt, sondern auch die Sehnsucht, sich in der Psychiatrischen Abteilung »ausreden« zu können, der Hinweis auf die eigene

Arbeitskrise, die Versatzstücke des Gebets, in denen alle Selbstberedung der Gedichte steckt, schließlich die Erkenntnis, einem Schatten nachgereist zu sein – dies alles verschafft der Begebenheit eine unartikulierte Symbolik, die den Verfasser des »Tractatus« gleichsam lebensweltlich ins Unrecht setzt.

Das Dunkle und Begriffsabweisende seiner Bilder und Metaphernbögen wurde schon bald nach Trakls Tod von den Gedichten auf ihren Urheber übertragen. Das Zerstörte seiner Biographie, die Drogen-, Alkohol- und Medikamentensucht des ausgebildeten Apothekers, der abendländische Kanon, der in seinen Texten intuitiv und wie zum letzten Mal aufgerufen zu sein scheint, und der Selbstmord in Krakau schufen der Nachwelt die romantisch geölte Ikone des zerbrechenden Dichters. In dem Bild, das von Trakl existiert, wird unterschlagen, worauf die Philologie in umfangreichen Studien hingewiesen hat.

Trakls Zugriff auf das Bild- und Textinventar der Literatur ist weitaus kontrollierter und durchdachter, als es die These von der Intuition wahrhaben will. In den verschiedenen Fassungen seiner Gedichte läßt sich die Konsequenz nachweisen, mit der er zufällig wirkende Motive in den logischen, zuweilen fast errechnet wirkenden Kontext der Worte montiert. Von den Texten seiner Vorbilder, Hölderlin, Novalis und Rimbaud, hat er gelernt und die Ergebnisse der Lektüreprozesse absichtsvoll in seinen eigenen Werken mitreden lassen. Trakl, dessen Gedächtnis nach der romantischen Lesart durch den Drogenkonsum gelitten haben soll und dem deshalb auch im klaren Zustand die Welt wie eine unentwirrbare und willkürliche Abfolge von Ereignissen entgegengetreten sei, hat in Wahrheit die Zeichen und Metaphern seiner Gedichte über Jahre hinweg nicht aus den Augen verloren und sie, wie etwa das Bild der Schwester, in immer deutlicher werdenden Steigerungsformen bearbeitet. Er selbst hat von dem »infernalischen Chaos« gesprochen, das ihn umgebe und das mit Bildern zu bannen sei, und befürchtet, »mich am Ende vor dem, was man nicht überwältigen kann, als lächerlicher Stümper zu sehen«. Ehe man solche Sätze für die eigene romantisierte Gestimmtheit ausbeutet, sollte man in ihnen den programmatischen Kern wahrnehmen. Kunst, so lautet die aus der Antike geborgte Mitteilung, »überwältigt« das Chaos. Wer nicht Dilettant sein will, muß diesen aggressiven Angriff auf die Welt führen. Trakl führt ihn aber nicht ziellos, sondern mit Berechnung und Vorsatz. »Ich werde mich«, heißt es einmal, »immer wieder und wieder berichtigen müssen.« Das sind Korrekturen, um den entscheidenden Schlag zu führen. Wie er ihn sich ausrechnete, läßt sich an den vielfältigen Entwürfen und Vorstufen seiner Gedichte studieren. Dort sieht man, wie Walter Killy gezeigt hat, daß für Trakl die Notwendigkeit der Worte aus dem absoluten Kontext des Gedichts erwuchs. Es scheint, daß er mit den unzähligen Wortvariationen, Ersetzungen und Streichungen auch noch die Schatten, die die Wirklichkeit in seine Texte warf, daraus vertreiben wollte. Der Vers kommt voller Schwächen und Mängel zur Welt. Er muß zu ihrem ebenbürtigen Gegner werden. Die Korrekturen panzern das Gedicht. Erst dann, gleichsam in schimmernder Wehr, tritt es der Welt entgegen. Die lebenslang empfundene Selbstschwächung, das literarisch überhöhte Geburtstrauma, das ihn und die Schwester umgibt, die Angst davor, überhaupt geboren worden zu sein – dies alles sind Kontrafakturen seines lyrischen Schaffens. Seine ewigen Berichtigungen, Verbesserungen, diese ständigen Bekräftigungen der selbstgeschaffenen Welt sind Zurüstungen, um das, was literarisch geboren werden soll, lebensfähig zu machen.

Im März 1914 erleidet Trakls Schwester, die mittlerweile als verheiratete Margarethe Langen in Berlin lebt, eine Fehlgeburt. Der Bruder reist ihr nach. Er trifft Else Lasker-Schüler und verkehrt für kurze Zeit in den Kreisen der Expressionisten. Was sich dann in Berlin ereignet, ist nie geklärt worden, aber kurze Zeit später schreibt Trakl seinen berühmt gewordenen Brief an Ludwig von Ficker: »Ich weiß nicht mehr ein und aus. Es (ist) ein so namenloses Unglück, wenn einem die Welt entzweibricht. O mein Gott, welch ein Gericht ist über mich hereingebrochen. Sagen Sie mir, daß ich die Kraft haben muß noch zu leben und das Wahre zu tun. Sagen Sie mir, daß ich nicht irre bin. Es ist steinernes Dunkel hereingebrochen. O mein Freund, wie klein und unglücklich bin ich geworden.« Man kann die Schallwellen dieses Aufschreis durch die Gedichte hindurch verfolgen. Einige Monate nach den Berliner Ereignissen ist Trakl zu Gast auf der Hohenburg. Hier schreibt er den »Gesang einer gefangenen Amsel«:

Dunkler Odem im grünen Gezweig.
Blaue Blümchen umschweben das Antlitz
Des Einsamen, den goldnen Schritt
Ersterbend unter dem Ölbaum.
Aufflattert mit trunknem Flügel die Nacht.
So leise blutet Demut,
Tau, der langsam tropft vom blühenden Dorn.
Strahlender Arme Erbarmen
Umfängt ein brechendes Herz.

Die Sprache, in denen die Verben die Handlung zurückweisen, die sie verlangen, öffnet das Gefängnis der Kreatur. Das Lied ist das Lied eines sterbenden Wesens, aber nur weil es stirbt, wird daraus ein Lied. Umschweben, ersterben, aufflattern, bluten, tropfen, blühen, strahlen, umfangen, brechen – die Reihung verrät, daß es sich um ein Gedicht der Wiedererweckung handelt. Aber die Amsel ist am Dornbusch gefangen, der seit alters das Bild der Prophezeiung und Berufung ist. Er bricht ihr das Herz, doch, in der Metaphorik des Gedichts, auch das Gefängnis, das die Amsel umgibt. Die tote Amsel freilich ist das Bild, das in Wassermanns Roman Kaspar Hauser im Augenblick seines Todes sieht.

Anders als bei der aus gleichen expressionistischen Ursprüngen stammenden Lyrik Benns verirrt sich, wer in Trakls Gedichten den Spuren einer poetischen Rationalität folgen wollte. Auch die Echos, die er aus dem Kanon der Literatur in seine Werke versenkt, scheinen nur aufgerufen, um von den sich ablösenden Tönen und Färbungen seiner eigenen Erfindungen erstickt zu werden.

Die Gesellschaft, die nach dem Ende des Ersten Weltkriegs darüber rätselte, warum sie ihre eigenen Söhne in den Tod schickte, hatte Anlaß, in Trakl einen Visionär zu sehen. Das Klischee schadet seiner Wirkung bis heute. Er hat aus den Bildern und Träumen seiner Zeit mit erstaunlicher Konsequenz eine Welt entworfen, die keine Zukunft hat. Gewiß sprach hier einer aus dem Unglück. Aber er sprach auch als einer, der vom Unglück, von den Beladenen, denen »auf Erden nicht zu helfen war«, gelesen hatte. Er empfand sich, eigenem Bekenntnis zufolge, als ihr Erbe. Wer der Letzte sein will, möchte in die Zukunft so eintreten, wie Kaspar Hauser in die Welt der Menschen: umgeben von der Stille, die nichts als das Echo der eigenen Schritte bricht.

Kaspar Hauser Lied

Er wahrlich liebte die Sonne, die purpurn den Hügel
hinabstieg,
Die Wege des Walds, den singenden Schwarzvogel
Und die Freude des Grüns.

Ernsthaft war sein Wohnen im Schatten des Baums
Und rein sein Antlitz.
Gott sprach eine sanfte Flamme zu seinem Herzen:
O Mensch!

Stille fand sein Schritt die Stadt am Abend;
Die dunkle Klage seines Munds:
Ich will ein Reiter werden.

Ihm aber folgte Busch und Tier,
Haus und Dämmergarten weißer Menschen
Und sein Mörder suchte nach ihm.

Frühling und Sommer und schön der Herbst
Des Gerechten, sein leiser Schritt
An den dunklen Zimmern Träumender hin.
Nachts blieb er mit seinem Stern allein;

Sah, daß Schnee fiel in kahles Gezweig
Und im dämmernden Hausflur den Schatten des Mörders.

Silbern sank des Ungebornen Haupt hin.

De profundis

Es ist ein Stoppelfeld, in das ein schwarzer Regen fällt.
Es ist ein brauner Baum, der einsam dasteht.
Es ist ein Zischelwind, der leere Hütten umkreist.
Wie traurig dieser Abend.

Am Weiler vorbei
Sammelt die sanfte Waise noch spärliche Ähren ein.
Ihre Augen weiden rund und goldig in der Dämmerung
Und ihr Schoß harrt des himmlischen Bräutigams.

Bei der Heimkehr
Fanden die Hirten den süßen Leib
Verwest im Dornenbusch.

Ein Schatten bin ich ferne finsteren Dörfern.
Gottes Schweigen
Trank ich aus dem Brunnen des Hains.

Auf meine Stirne tritt kaltes Metall
Spinnen suchen mein Herz.
Es ist ein Licht, das in meinem Mund erlöscht.

Nachts fand ich mich auf einer Heide,
Starrend von Unrat und Staub der Sterne.
Im Haselgebüsch
Klangen wieder kristallne Engel

Abendland

Ihr großen Städte
Steinern aufgebaut
In der Ebene!
So sprachlos folgt
Der Heimatlose
Mit dunkler Stirne dem Wind,
Kahlen Bäumen am Hügel.
Ihr weithin dämmernden Ströme!
Gewaltig ängstet
Schaurige Abendröte
Im Sturmgewölk.
Ihr sterbenden Völker!
Bleiche Woge
Zerschellend am Strande der Nacht,
Fallende Sterne.

Klage

Schlaf und Tod, die düstern Adler
Umrauschen nachtlang dieses Haupt:
Des Menschen goldnes Bildnis
Verschlänge die eisige Woge
Der Ewigkeit. An schaurigen Riffen
Zerschellt der purpurne Leib
Und es klagt die dunkle Stimme
Über dem Meer.
Schwester stürmischer Schwermut
Sieh ein ängstlicher Kahn versinkt
Unter Sternen,
Dem schweigenden Antlitz der Nacht.

Grodek

Am Abend tönen die herbstlichen Wälder
Von tödlichen Waffen, die goldnen Ebenen
Und blauen Seen, darüber die Sonne
Düstrer hinrollt; umfängt die Nacht
Sterbende Krieger, die wilde Klage
Ihrer zerbrochenen Münder.
Doch stille sammelt im Weidengrund
Rotes Gewölk, darin ein zürnender Gott wohnt
Das vergoßne Blut sich, mondne Kühle;
Alle Straßen münden in schwarze Verwesung.
Unter goldnem Gezweig der Nacht und Sternen
Es schwankt der Schwester Schatten durch
den schweigenden Hain,
Zu grüßen die Geister der Helden, die blutenden Häupter;
Und leise tönen im Rohr die dunkeln Flöten des Herbstes.
O stolzere Trauer! ihr ehernen Altäre
Die heiße Flamme des Geistes nährt heute ein gewaltiger
Schmerz,
Die ungebornen Enkel.

George 1904.

So philiströs die hemdsärmelige Entrüstung über Georges Pose, sie registriert doch das Angemaßte von Würde, die einer sich selbst verleiht wie eine Phantasieuniform. *Theodor W. Adorno*

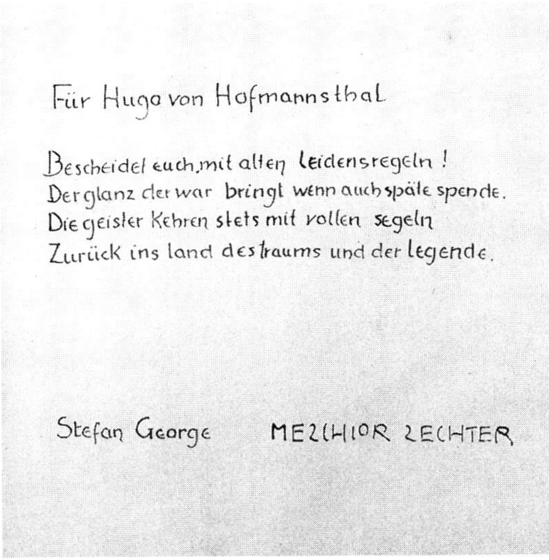

Für Hugo von Hofmannsthal

Bescheidet euch mit alten leidensregeln!
Der glanz der war bringt wenn auch späte spende.
Die geister kehren stets mit vollen segeln
Zurück ins land des traums und der legende.

Stefan George MELCHIOR LECHTER

Widmung Georges für Hofmannsthal in »Der Teppich des Lebens und die Lieder von Traum und Tod mit einem Vorspiel«, 1899.

Der See von Sils-Maria, wo Nietzsche von 1881 bis 1888 die Sommermonate verbrachte.

Eigentlich hat alles, was meine Generation diskutierte, innerlich sich auseinanderdachte, man kann sagen: erlitt, man kann auch sagen: breittrat – alles das hatte sich bereits bei Nietzsche ausgesprochen und erschöpft, definitive Formulierung gefunden, alles weitere war Exegese. Seine gefährliche stürmische blitzende Art, seine ruhelose Diktion, sein Sichversagen jeden Idylls und jeden allgemeinen Grundes, seine Aufstellung der Triebpsychologie, … die ganze Psychoanalyse, der ganze Existentialismus, alles dies ist seine Tat … Ich könnte hinzufügen, für meine Generation war er das Erdbeben der Epoche und seit Luther das größte deutsche Sprachgenie.
Benn, Nietzsche – nach 50 Jahren

Ein totenstiller Sonntag, wir lagen in Hoboken. Es war so heiß, als ob ein Feuer über Deck fegte. Es fehlte uns an Money, um es den Astors gleichzutun und die City zu genießen. Wir lagen in den Korbstühlen, die endlich einmal für uns da waren, die widerlichen Passagiere waren ausgeschifft und tummelten sich wohl schon in ihren Kreisen. Eine unbekannte Stadt, ein Land, dessen Gebräuche mir fremd waren.
Benn, Roman des Phänotyp

1914 reiste Benn als Schiffsarzt mit der HAPAG nach Amerika.

Rilke, Lou Andreas-Salomé und der russische Bauerndichter Spiridon Droschin in Rußland, Juli 1900.

Daß Rußland meine Heimat ist, gehört zu jenen großen und geheimnisvollen Sicherheiten, aus denen ich lebe. *Rilke an Lou Andreas-Salomé*

Trakl am Lido.

Lieber! Die Welt ist rund. Am Samstag falle ich nach Venedig hinunter. Immer weiter – zu den Sternen.
Trakl an Ernst Buschbeck, 1. August 1913

Venedig, Markusplatz.

Der zauberisch verführenden Tristan-Zweideutigkeit Venedigs, einer metaphysischen Zweideutigkeit aus äußerster Todesnähe und letzter Lebenssüße gemischt – dieser maskenhaften Schönheit Venedigs sind von je alle Naturen erlegen, die, gleich Byron, gleich Nietzsche, eines tragisch unheilbaren Dualismus in der Uranlage ihres Wesens sich dunkel bewußt waren und die in dem Wunder der Lagunen einem halb bestürzenden, halb beglückenden Doppelgängersinnbild des eigenen Daseins begegneten ... alle Naturen, welche die Schönheit nicht nur, mit Platon, zum höchsten Leben verführt, sondern denen sie zugleich, geheimnisvoll zugleich, eine Verführung zum Tode bedeuten muß. *Ernst Bertram, Nietzsche, 1918*

Hofmannsthal und Rudolf Alexander Schröder im Garten von Rodaun, 1901.

Das Wort »unschätzbar« scheint mir doch fast zu schwach, um anzudeuten, von *welcher* Wichtigkeit mir Ihre und Schröders andauernde und consequente Teilnahme an meiner Arbeit und dem Spiralgang meiner Entwicklung geworden ist und wie sehr ich Sie beide innerlich darum bitte, mir dies Gute zu erhalten. Nur zu wenigen Individuen hätte ich mich je, unter andern Fügungen, allenfalls in einem ähnlichen Verhältnis befinden und darin verharren können: zu George zunächst, wäre für ihn ein anderes als schroff egocentrisches Verhalten denkbar (was nicht der Fall ist). *Hofmannsthal an Rudolf Borchardt, 1912*

Hofmannsthal (vierter von rechts) bei der Eröffnung der Impressionistenausstellung in Weimar 1904.

Wir sollen von einer Welt Abschied nehmen, ehe sie zusammenbricht. Viele wissen es schon, und ein unnennbares Gefühl macht Dichter aus vielen.
Hofmannsthal, 1905

George, 1904.

Von den tiefliegenden Augen ging der Blick zu der zugleich zierlichen und kräftigen Nase, – zu den Lippen, den fest gepressten; leicht stand die Unterlippe vor, gab dem Mund die herbe Entschlossenheit und leitete abwärts zum Kinn, in dessen mächtigem Vorsprung der Anspruch und das Recht des Herrschers gesammelt schien. *Edgar Salin, Um Stefan George, 1948*

Rilke in Bad Rippoldsau 1913.

Wir sind die Bienen des Unsichtbaren ... Und diese Tätigkeit wird eigentümlich gestützt und gedrängt durch das immer raschere Hinschwinden von so vielem Sichtbaren, das nicht mehr ersetzt werden wird.
Rilke an Witold Hulewicz, 1925

Hofmannsthal in Paris 1900.

Ich will über diese gegenwärtige Zeit reden. Aber es freut mich, so davon zu reden, als ob sie schon vergangen wäre. Was ist Zeit. Während einer in einem Turm saß und Spinnweben zählte, ging Griechenland unter. Hier [in Paris] schickt es sich, an die Vergänglichkeit zu denken, denn die Zukunft dieser Stadt ist sehr unsicher. *Hofmannsthal*

Speisesaal der Siemens AG, Berlin 1914.

Obwol es zeichen dieser zeit ist – jede grösse herabzureden und nur für die erhaltung des mittelmaasses zu sorgen: vergessen wir nicht einen ungeheuren vorteil der freilich für die kleinen erneute gefahren bringt: noch nie soweit wir geschichte kennen konnte der einzelne solche freiheiten – solche bewegungs-erleichterungen geniessen – noch nie so sicher der plumpen übermacht sich entziehen und bei verhältnismässig geringen anstrengungen sein leben führen in einer fast unumschränkten oberherrlichkeit.
Blätter für die Kunst, 1904

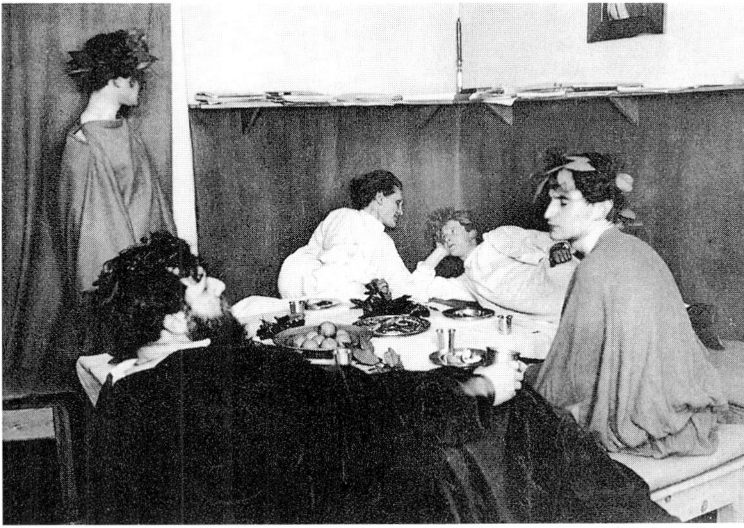

Es lag doch viel heidnischer Glanz und Schimmer über dieser Nacht ... Den Meister [Stefan George] sah ich zum erstenmal aus der Nähe, als Cäsar in weißer Toga und mit einem goldenen Kranz um die Stirn, – er mischte sich ungezwungen unter die Menge, und es gab ihn wirklich. Dabei behält er doch immer eine gewisse Ferne, und seine Geste schien mir schön und würdig. *Franziska Gräfin zu Reventlow*

Antikes Fest in der Wohnung von Karl Wolfskehl, Stefan George liegend, 1910.

Schloß Duino in der Nähe von Triest, wo Rilke 1911/12 lebte.

In diesem immens ans Meer hingetürmten Schloß, das wie ein Vorgebirg menschlichen Daseins mit manchen seiner Fenster (darunter mit einem meinigen) in den offensten Meerraum hinaussieht, unmittelbar ins All möcht man sagen und in seine generösen, über alle hinausgehenden Schauspiele, – während innere Fenster anderen Niveaus in still eingeschlossene alte Burghöfe blicken, darin spätere Zeiten um alte Römermauern die Milderungen barocker Balustraden und mit sich selbst spielender Figuren gewunden haben. *Rilke an Hedwig Fischer, 1911*

Alt-Aussee, wo Hofmannsthal von 1896 an fast jeden Sommer verbringt.

Wir wohnen alle in verschiedenen kleinen Häusern an der Berglehne über dem dunklen kleinen See, essen und nachtmahlen bald bei dem einen, bald bei dem andern, lesen zusammen englische Gedichte, der ältere Franckenstein komponiert kleine Lieder, die ich in Marienbad gemacht habe, mittags fahren wir im Boot hinaus und baden … bis tief in die sternenhellen Nächte hinein gehen wir spazieren oder sitzen auf dem Geländer von einem Bauerngarten und reden miteinander. *Hofmannsthal an Otto Brahm, 1899*

George im Bingener Haus.

Bei Stefan George war es sehr schön ... unten steht irgendwo Comptoir geschrieben u. da er außerdem eine Bemerkung über eigne Weinberge machte, nehme ich an daß sein Vater Weinberge besitzt. Die ganze Wohnung ist sehr einfach u. provinzmäßig, sein Arbeitszimmer natürlich ausgenommen. Er hat eine Menge sehr schöner Bücher u. Bilder u. gibt einem ganz famosen Wein zu trinken. Wenn man sich an seine verschiedenen faxen gewöhnt hat bekommt man ihn sehr gern u. meine Engländer schwärmen alle von Steven George. Wenn er unter den Burschen von Bingen herumsteigt sieht es colossal merkwürdig aus. Die Leute haben dort einen großen Respect vor ihm so ungefähr wie die Indianer vor einem ganz besonderen Medizinmann. *Clemens von Franckenstein an Hofmannsthal, 1897*

Es schafft der Mann sich eine große Zeit

Rainer Maria Rilke, der Krieg und die Revolution

In der Nacht vom siebten auf den achten November 1918 schickt sich, wie ein Chronist bemerkte, »die bürgerliche Welt endgültig zum Sterben an«. Feuerwerksraketen schießen in den Himmel, Menschen jubeln. Es ist die Nacht der Revolution, und in München ist es die Stunde der Bohemiens. »Man muß sich«, schreibt ein Zeitgenosse, »hier nur vor einen Hauseingang stellen, und man hat Anschluß an die Weltgeschichte.«

Zum Beispiel vor die Ainmillerstraße 34. Hier verläßt an diesem Novemberabend Rainer Maria Rilke das Haus. Schon damals zählt er zu den meistgelesenen Dichtern seiner Zeit. Die Gesamtauflage seiner Werke liegt Ende 1918 bei mehr als einer Viertelmillion. Allein die »Weise von Liebe und Tod des Cornets Christoph Rilke« wurde einhundertsechzigtausendmal verkauft. Er ist beliebt und umschwärmt. Selbst in den schlimmsten Notzeiten dieses Krieges findet er fast täglich kleine Geschenke von Verehrerinnen vor seiner Wohnungstüre: Rosensträuße, meist mit irgendeiner Zeile seiner Gedichte auf einem Kärtchen, Kaffee, frische Butter, Früchte im Winter, Wachskerzen, kostbare Schalen und seltene Vasen. Seit Monaten verfolgt Rilke die politischen Ereignisse mit äußerster Aufmerksamkeit. Seit April 1917 hat er begonnen – »was sonst nicht meine Sache ist« – Zeitungen zu lesen, »um nur einigermaßen unterrichtet zu sein«. Er hofft auf die Revolution, auf einen »Umbruch«, auf einen »alles verändernden Wandel«.

Doch an diesem Abend, dem lang ersehnten Abend des Umsturzes, hört Rilke ein Konzert mit »Melodien aus alter und ältester Zeit«. Später wird er sich das vorwerfen. Er hätte

sich nicht ausgerechnet an diesem Abend mit der Vergangenheit »einlassen« sollen, »mit noch älterer Zeit als der, die (vielleicht) gestern abend zu Ende ging«.
Das Konzert dauert lang. Als er spätabends nach Hause kommt, wartet in seiner Wohnung ein Geschenk auf ihn. »Deine Rosen«, so schreibt er der Freundin Else Hotop am nächsten Morgen, »als ich sie spät abends vorfand, gaben mir ganz besonders in dieser Nacht, durch die der dumpfe Umsturz ging, ein sanftes Gefühl von unberührter, in sich getroster Welt. Ich saß, so spät es war, noch eine Weile bei ihnen wach.«
Ungefähr zu jener Stunde, als Rainer Maria Rilke bei den Rosen saß, muß sich, vielleicht nur ein paar Straßen weiter, der Schriftsteller Thomas Mann auf dem Heimweg befunden haben. Auch er hatte an diesem Abend ein Konzert besucht. Allerdings hörte er Neueres, Lieder von Brahms und Pfitzner. Kaum jemand war bei der Sache. Die Unruhe auf den Straßen war bis in die Tonhalle zu spüren.
Zu später Stunde eilt der aufs höchste alarmierte Schriftsteller nach Hause: parlierend, politisierend, diskutierend. Auch Thomas Mann wendete seinen Blick vom Alltag und seinen Beunruhigungen ab: »Als wir mit dem Musiker nach Hause gingen, unterbrach ich das politische Gespräch demonstrativ und machte auf die Schönheit des feuchten Sternenhimmels aufmerksam. Das Ewige stimmt quietistisch. Das Menschliche ist dem Politischen im Grunde fremd.«
Alles, was die deutsche Tragödie von Geist und Macht, Gedanke und Tat in diesem Jahrhundert bestimmen wird, ist in diesen beiden Gesten zu sehen. Und sie symbolisieren, wenn auch in ganz anderem Sinne, als es dem Verfasser der »Betrachtungen eines Unpolitischen« bewußt gewesen sein kann, das Bedürfnis, »das politische Gespräch demonstrativ zu unterbrechen«, um sich durch die »unberührte« Ewigkeit mit Ehrfurcht und Bewunderung erfüllen zu lassen. Der bestirnte Himmel über ihnen und die romantische Rose in

ihnen sind Klauseln jenes moralischen Gesetzes, das Thomas Mann erst wenige Monate zuvor in dem Satz formuliert hatte: »Geist ist nicht Politik.« Jetzt, wo die »geistigen Arbeiter« für einige Augenblicke die Macht ergreifen, glaubt er sich in ein »böses Theater« versetzt.
Und wie auf der Bühne schiebt sich nun noch eine dritte Figur aus dem Hintergrund in diese mitternächtliche Szene vor. Ein Kriegsteilnehmer befindet sich in dieser Nacht im Norden des Landes, in einem Lazarett in Pommern, aber seine Spuren führen weit zurück, und sie kreuzten in der Vergangenheit schon mehrfach die Wege der Beteiligten – nicht nur in München, wo er an den Rändern der Schwabinger Boheme eine »Künstlerexistenz« lebte.
Kein Blick ist von diesem Mann überliefert. »Schwarz« sei es ihm bei der Nachricht von der Revolution um die Augen geworden, und er vergrub »den Kopf in Kissen und Decke« – so hat Adolf Hitler später seine Reaktion geschildert. In dieser Schwärze, buchstäblich nichts vor Augen, fällt der Entschluß, der zu den verhängnisvollsten der Weltgeschichte zählen sollte: »Ich aber beschloß, Politiker zu werden.« All die unerfüllten Kompensationsenergien, die bislang dem Ruhm des Künstlers galten, finden jetzt bruchlos ein neues Ziel, und es ist das, dem Rilke und Thomas Mann gerade entgehen wollten: die Politik als Sternenhimmel. Im März 1919 kehrt Hitler endgültig nach München zurück. Wenige Wochen später verläßt Rilke, von Haussuchungen und Verhören entnervt, die Stadt. Dem Freund Karl von der Heydt prophezeit er in einem Abschiedsbrief, daß »das behagliche und harmlose München fortab ein Ausgangspunkt von Beunruhigung bleiben dürfte«. Rilke wird Deutschland zeitlebens nicht mehr betreten.

Jene nächtliche Konstellation zeigt auch dem unbewaffneten Auge ein Kapitel des deutschen Bildungsromans, der bis heute noch nicht geschrieben ist. Viele Jahrzehnte später und nachdem er mit dem Essay »Bruder Hitler« die fatale geistige Verwandtschaft schon eingestanden hat, wird Thomas Mann ihn mit dem »Dr. Faustus« zu schreiben versuchen: Den entscheidenden Umschlagspunkt wird er in jener Nacht ansiedeln.

Doch das romanhafte Bild des Schwabinger Milieus erreicht die phantastischen Gleichzeitigkeiten nicht, die, neu zugänglich gewordenen Dokumenten zufolge, wirklich gewesen sind. Tatsächlich sind die Tage vom 7. bis zum 10. November 1918 ein Datum, an dem sich in der deutschen Geistesgeschichte romanhaft die Schicksale kreuzen, ehe sie sich trennen, auseinanderlaufen, um eines Tages um so endgültiger wieder voneinander eingeholt zu werden. Daß heute, am Ende des Jahrhunderts, Rose und Sternenhimmel entzaubert sind und keine Zuflucht mehr vor Alltag und Politik gewähren, ist zu jenem nächtlichen Zeitpunkt bereits beschlossen. Man hatte das Gefühl, so heißt es später im »Dr. Faustus« mit Blick auf diese Revolutionsnacht und in Kenntnis dessen, was folgte, daß »die Welt in ein neues, noch namenloses Sternzeichen eintreten wollte«.

Die Beteiligten haben das ohne Zweifel schon damals geahnt und je nach Anlage und Charakter ihre Folgerungen gezogen. Rilke sieht die Chance der Verjüngung, des Neubeginnens und sogar des neuen Lebenszieles. An Erich Katzenstein schreibt er wenige Tage später: »Seit jener starken umstürzenden Nacht gehöre ich zu den Jungen, die die Zuversicht dieses neuen Anfangs für ihr Recht und ihren heimlichen Jubel halten.« Thomas Mann verzehrt sich tagelang im Haß auf die angeblichen Urheber der Revolution. »Bei uns«, schreibt er am 8. November, »ist Mitregent ein schmieriger Literaturschieber wie Herzog, der sich durch Jahre von einer Kino-Diva aushalten ließ, ein Geldmacher und Geschäftsmann im Geist, von der großstädtischen Scheißeleganz des Judenbengels, der nur in der Odeonbar zu Mittag aß, aber Ceconis Rechnungen für die teilweise

Ausbesserung seines Kloakengebisses nicht bezahlte. Das ist die Revolution! Es handelt sich so gut wie ausschließlich um Juden.«

In Hitler aber verband sich beides: der Haß und der heimliche Jubel des Neubeginns. »In diesen Nächten«, so schrieb er, »wuchs mir der Haß, der Haß gegen die Urheber dieser Tat. In den Tagen darauf wurde mir auch mein Schicksal bewußt. Ich mußte nun lachen bei dem Gedanken an meine eigene Zukunft, die mir vor kurzer Zeit noch so bittere Sorgen bereitet hatte.«

So wie Thomas Mann als die letzte große Erscheinungsform des deutschen unpolitischen Bürgertums und Hitler als dessen Zerstörer gelten, so gilt Rainer Maria Rilke als der Verwirklicher, ja Vollender des ästhetischen Lebensentwurfs. Rilke selber, mehr noch aber seine Verleger und Erben, haben dieser Legende vorgearbeitet und nicht zuletzt durch zurückgehaltene Texte und Briefe das Image des zeitenthobenen, weltabgewandten Dichters bis heute geprägt. Zwar haben schon vor Jahren Joachim W. Storck, Egon Schwarz und Wolfgang Leppmann die traditionelle Auffassung korrigiert, auch hat die Marbacher Rilke-Ausstellung aus dem Jahre 1975 unbekanntes, umdeutendes und zuweilen spektakuläres Material präsentiert; doch all dies hat das öffentliche Bild Rilkes kaum zu beeinträchtigen vermocht. Die Chance, deren man sich mit solcher Legendenbildung freiwillig begab, ist weit mehr als nur literaturgeschichtlicher Art. Rilkes Leben, ohne Anbetung betrachtet, ist geradezu konstitutionell für die deutsche Bewußtseinsgeschichte des Jahrhunderts und verrät weit mehr als das Thomas Manns neben künstlerischem Triumph, Vollendung und unerhörter Selbststeigerung auch jenes pathologische Grundmuster, in dem Adolf Hitler als verhunzter Doppelgänger, als problematischer »Bruder« erscheint.

Einer der fragwürdigsten Briefe Rilkes in diesem Zusammenhang ist sein Schreiben an die Fürstin Thurn und Taxis, in dem er, ausgehend von Franz Werfel, sich über das Judentum schlechthin ausläßt, von der »Verlogenheit der jüdischen Mentalität spricht«, vom jüdischen »Geist, der alle Dinge durchdringt ... wie ein Gift, das überall eindringt und sich dafür rächt, daß es keinem Organismus angehört«.

Rilke war weitaus politischer, zeitgenössischer, als er selber zugeben wollte. Mit Fleiß hat er jedoch alle politischen Äußerungen und überhaupt jede Beziehung zur Zeit verbrämt. Von Anfang an ist diese eigentümliche Fluchtbewegung aus der Zeit heraus zu verfolgen. Graf Erich und der Fürst Popov, die Gestalten seiner frühen Balladen, sind in fernen Räumen angesiedelt: Rilke suchte zeitlebens in diesen entrückten Gesellschaften seinen eigenen Zustand auf. Er entstamme einem »uralten« Kärntner Adelsgeschlecht, hat der Fünfundzwanzigjährige in einem selbstverfaßten Lexikoneintrag behauptet und nie von dieser Legende gelassen. »Mein Vater«, heißt es noch im »Stundenbuch«, »war ein verbannter / König überm Meer.«

Auch Rilkes notorischer Umgang mit Fürsten und Baronessen, sein unablässiger Wechsel zwischen Schlössern, Landgütern und Palästen haben ihm die unzeitgemäße, vormoderne Bühne bereitet, und mit der »Weise von Liebe und Tod des Cornets Christoph Rilke« hat er sich für das von Thomas Mann so genannte »Adelstheater« gleichsam das Stück geschrieben.

Er hat alle politischen Festlegungen fast ängstlich vermieden und dort, wo er sich doch zu ihnen hinreißen ließ, wie etwa bei einem Aufruf zur Liberalisierung des Paragraphen 175, immer den Ausnahmecharakter betont. Zuordnungen wie »links«, »rechts«, »konservativ«, »progressiv« oder »reaktionär« fallen in seinen Stellungnahmen nur im politisierten November 1918, und auch da spricht vieles dafür, daß all dies bei ihm durcheinandergeratener ästhetischer Baukasten war. Sein Verhältnis zur Politik ist, geht man nur von seinen eigenen Worten aus, das von »Glauben« oder »Unglauben«, von »schlecht« und »gut«. Diese unbestimmten Wendungen haben ihn sonderbar entrückt und ihn, wie es sein Wunsch war, aus aller Zeitgenossenschaft verabschiedet.

Ein Teil der Rilke-Forschung hat seit längerem gegen dieses Bild angekämpft. Schon vor Jahren hat Wolfgang Leppmann auf eine fast an Travestie grenzende Spiegelbildlichkeit des Herkommens zwischen Rilke und Hitler hingewiesen. Beide sind ihm diametral entgegengesetzte Figuren »des Homo austriacus im ausgehenden neunzehnten Jahrhundert«, und die Übereinstimmungen reichen bis ins kleinste soziologische Detail. Beide kommen aus »kleinbürgerlichen, im mittleren k. u. k. Beamtentum« angesiedelten Verhältnissen. Ihr »Einzelgängertum«, ihre »Weigerung, einen Brotberuf zu ergreifen«, die traumatische Erfahrung der Jugend, der Glaube an die große »Lebensaufgabe«, das »Abwechseln von Perioden monatelanger Indolenz mit solchen einer geradezu hektischen Geschäftigkeit«, der Versuch, nachträglich die eigene Vergangenheit zu korrigieren, selbst der Ort ihrer »Berufung« ist identisch: In Linz, so hat Rilke später versichert, habe sich »die entscheidende Wende«, die Berufung seines Lebens vollzogen. Kurze Zeit später wird er sich den Vornamen »Caesar« zulegen. Es ist sonderbar, bei Hitler die gleiche Wendung zu finden. »In Linz begann es«, so hat Hitler später geäußert und sich dabei auf das Urerlebnis seiner Linzer Zeit bezogen, wo er ungezählte Liebesgedichte schrieb und eine »Rienzi«-Aufführung in ihm die Berufung zum Künstler weckte.

Rilke hat später immer wieder von der »Wasserscheide des Krieges« gesprochen, in der alle Verläufe eine andere Richtung genommen hätten und hinter der Menschen, Hoffnungen und Erwartungen zurückgeblieben seien: »drüben«, wie er nicht ohne Wehmut noch ein Jahr vor seinem Tode schreibt, »in jener vorigen Welt«. Und sucht man den Zustand, der alle Energien zurücknimmt, um sie um so stärker zu bündeln, dann muß man vom Krieg reden.

Rilke hat, wie die meisten seiner Generation, den Krieg zunächst als Befreiung erlebt und dem »Kriegsgott« Verse gewidmet. Doch schon nach kurzer Zeit ist alle Euphorie verflogen. In den folgenden Jahren beschreibt er in überaus redseliger Weise seine Sprachlosigkeit. »Was mich selbst angeht«, so versichert er im zweiten Kriegsmonat, »so bin ich fast ohne Meinung ... und füge mich darein, vorderhand fast niemand zu sein, fast nichts, einer, auf den es nicht ankommt.« Die Behauptung, keine Meinung zu haben, ist der Wunsch, nicht nach der eigenen Meinung gefragt zu werden, das Gefühl »niemand zu sein«, ist die Hoffnung, übersehen zu werden – an erster Stelle (und begreiflicherweise) von der Musterungsbehörde.
Als er doch eingezogen wird und für einige Zeit im Kriegsarchiv Dienst tun und Uniform tragen muß, steht er am Rande eines fast vollständigen Zusammenbruchs. Siegfried Trebitsch hat geschildert, was sich in Wien ereignete, als Rilke seinen Namen nannte: »Wem wollen S' denn einreden, daß Sie Maria heißen? Seit wann heißt ein Mannsbild Maria! Da müßte man ja Mitzi zu Ihnen sagen! So schauen S' auch aus.« – »Oh, ich bin ja nicht der einzige«, antwortet Rilke verlegen. »Denken Sie nur an Karl Maria von Weber, den Komponisten des Freischütz.« – »Mir san hier keine Freischützen, mir schießen nur auf Kommando. Ich rat' Ihnen gut, pakken S' die Maria ein, Rainer Rilke.« Der Dichter, dem dies galt, hatte mit der todesverliebten, schwülstig getragenen »Weise von Liebe und Tod« das unter deutschen Soldaten meistgelesene Buch geschrieben.
Rilkes »Duineser Elegien« werden – ebenso wie Thomas Manns »Zauberberg« – durch den Krieg auf Jahre hinaus unterbrochen. Aber während der gleichaltrige Romancier streng und entschlossen in München die »Betrachtungen eines Unpolitischen« verfaßt, die er für seinen »Gedankendienst mit der Waffe« hält, macht Rilke die für sein Werk überaus folgenreiche Erfahrung der vollständigen Intransi-

genz, des Undeutbaren, aber auch des Zerfalls der von ihm mühsam eingerichteten Lebensform. Nicht nur hatte er in Paris ein Großteil seiner Habe verloren, auch das von ihm meisterhaft bediente Unterhaltskartell von Geldzuwendungen und Einladungen drohte zusammenzubrechen, weil dessen Träger, die von ihm umworbene Vorkriegsaristokratie, zerfiel.

So versicherte er inmitten der allgemeinen Katastrophe der begüterten Gräfin Gneisenau, die sich von der aufrührerischen Bevölkerung bedroht glaubte, daß sie »vielmehr im Leiden unter den Untersten steht, ärmer, eingeschränkter als sie, von womöglich noch eindringlicherem Unrecht heimgesucht«. Es war deshalb eine Erlösung, als 1919, mit seiner Ansiedlung in der Schweiz, ein freigebiges Patriziertum an die Stelle der Aristokratie trat.

Sofort beginnt er die Geschichten »der alten Geschlechter« durchzublättern, und seine plötzliche Feier dieses Bürgertums ist nicht ohne verräterische Phantasie. »Alle diese alten Häuser«, schreibt er aus Bern, »sind Garantien des guten Willens. Und diese bürgerlichen Brunnen, die mit soviel Haltung und Selbstbewußtsein das Wasser austheilen.« Nicht nur von Wasser, auch von Geld war die Rede.

An diese unverhoffte Rettung war in den Kriegsjahren nicht zu denken. Immer wieder kommt er auf den desaströsen Zustand, den allgemeinen und den individuellen, zu sprechen. Aber niemals, an keiner Stelle und mit keiner Andeutung sieht er seine »Berufung« in Frage gestellt, nie zieht er in der »gegenwärtigen Hölle« den Sinn der Literatur und seiner eigenen künstlerischen Absichten in Zweifel. Tatsächlich leidet er unter nichts so sehr wie darunter, nicht schreiben zu können, und also leidet er schreibend und sucht nach Mitleidenden.

Das brachte ihn in die Nähe der Politik. Seine widerstreitenden Gefühle teilte er mit all den radikalen Bewegungen seiner Zeit, die entweder von nagendem Ressentiment oder utopischer Wut beseelt waren. Es seien »die linkesten« Ansichten, schreibt er 1919 an Karl von der Heydt, »mit denen ich mich übereinstimmend fühle«. Und in einem aus naheliegenden Gründen nie abgeschickten Brief an den Gönner und Bankier äußert er Verständnis für die »Dictatur des Proletariats«: »Auf dem Weg, der nun einmal genommen worden ist, liegt unfehlbar ein solcher Zustand.« Er plädierte für eine radikale Wendung, warf der Revolution ihre Halbheit vor, sah die alten Verhältnisse restauriert und meinte, wenn Gott es nicht anders bestimmt hätte, wäre auch er Revolutionär geworden.

Wer sollte Rettung bringen? Wohl doch wieder Gott oder ein Mensch, der über vergleichbare Fähigkeit verfügte. Schon im Krieg meldet sich die Hoffnung auf »die reinen Bildnerhände«, die die Menschheit umformen könnten, denn »jetzt wäre sie Wachs in ihnen« (August 1917). Das Bild des großen Gestalters und Bildners, die Heldenrolle des Künstlers als Führer in Zeiten der Wirren, wie George formulierte, ist die Hintergrundsfigur in all seinen Äußerungen. Nach der Ermordung Kurt Eisners im März 1919 notiert er: »Schade, schade, um den einen modellablen Moment zu Anfang November, wie kam der bildsame Stoff in die Daumen der Herren Ebert und Noske?!«

Manche wiesen ihn darauf hin, daß die bloße Klage unproduktiv sei, und forderten ihn auf, in »reelle« Beziehungen mit der Welt einzutreten. In den Briefen an Sophie Liebknecht, deren Mann Karl Liebknecht seit 1916 wegen Hochverrats inhaftiert war, entlädt sich die ganze Widersprüchlichkeit seiner Haltung. Rilke tröstet sie mit poetischen Erinnerungen und Gedichten, deutet auch an, daß er, dessen »Bilder« erloschen seien, es eigentlich schwerer habe als sie.

»Sie sind so freundlich«, antwortet ihm Sophie Liebknecht, »schreiben mir schöne Gedichte ab, schenken mir ein merkwürdig rührendes Buch und schreiben mir einen langen Brief und ich antworte wie ein ungezogenes Kind ... Also: ich bin fest überzeugt, dass, wenn Sie unsere Zeit nicht so von sich weisen würden, wenn Sie mehr sich um sie kümmerten, um sie, wie sie nun mal ist in ihrem ganzen Entsetzen, ihrer Dunkelheit, ihrer schamlosen Verlogenheit und wie die ungeheuerlichsten Bezeichnungen alle sind, die sie alle verdient hat, wenn Sie – verzeihen Sie, aber das stimmt doch – durch Zeitungslesen und überhaupt nähere Anteilnahme – mehr reelle Beziehung zu ihr hätten, daß Sie dann wieder dichten könnten und schließlich ist doch das für Sie das wichtigste. Sie würden dann nicht nur ihr eigenes Gesicht wiederfinden, sondern festen Boden haben ... Sie leiden doch furchtbar unter dem Druck der Kriegszeiten, aber Sie könnten – ich bin überzeugt, Sie könnten – productiv darunter leiden und wären dann erlöst – aber dazu muss man wissen, was vor sich geht, so gemein es auch sein mag, und die Stellungnahme eines so wie Sie empfindenden Menschen ist dann bald präcis.«

Das war mehr als ein Wink mit dem Zaunpfahl, und Rilke spürte, daß er sich rechtfertigen mußte. Aber diese Rechtfertigung ist nur wieder Poesie: »Unter meinen Papieren mußte irgendwo eine Rechtfertigung sein, aus dem ursprünglichen Zusammenhang der Elegien. Ich habe sie gesucht und sie hier für Sie abgeschrieben.« In der »Rechtfertigung« aber steht die Zeile: »So laßt mich solange vor Vergehendem / Stehn; anklagend nicht, aber noch einmal be- wundernd.«

Damit befindet man sich wieder im Umkreis des 8. November 1918 und bei den revolutionären Hoffnungen, die in diesen Tagen Rilke nicht nur teilte, sondern die sich auf den hochberühmten Dichter richteten. Während Thomas Mann sich in jenen Tagen von dem jungen Hanns Johst über die politischen Veränderungen informieren ließ, trafen sich in der Ainmillerstraße 34 die Münchner Revolutionäre. Ernst

Toller, Alfred Kurella, Erich Mühsam, berichtet ein Zeuge, erhofften »eine brauchbare Stellungnahme von Rilke zur Revolution. Die Gespräche aber verliefen ergebnislos und befriedigten sie nicht.« Man muß dieses Bild vor Augen haben: wie sich in Rainer Maria Rilkes Wohnung die Revolutionäre versammeln, um Gedichte zu hören und politische Handlungen zu besprechen. Oskar Maria Graf, der dabei war, hat die eigentümliche Atmosphäre dieser Zusammentreffen geschildert: »Denk' ich an die Besuche der Münchner Revolutionäre bei ihm, so rückt jedesmal etwas gleicherzeit Frappierendes und Komisches in meine Erinnerung. Schlicht, mit einer fast zärtlichen Interessiertheit, bot er sich jedem. Diese scheinbar so rauh-realistischen Männer aber verwandelten sich in seiner Gegenwart im Nu. Unwillkürlich nahmen sie Rilkes Art an, ja sie redeten sogar mit einem Male so wie er, was mitunter besonders lächerlich wirkte.« Diese tragikomische Vermählung von Geist und Politik, von Rose und Maschinengewehr, von Dichter und Revolutionären, die zur geistigen Erbauung der »Weise von Liebe und Tod« lauschen und für eine welthistorische Stunde Proklamationen in der Sprache des »Stundenbuchs« verfassen: die mythologische Sprache der Kunstdiktatur wird für einige wenige Augenblicke die Sprache der Politik, der Gedichtband zum Wörterbuch der Macht.

Zu diesem Zeitpunkt scheint Rilke an eine »Eroberung« der anderen Welt geglaubt zu haben. Jedenfalls sieht ihn die Revolution in einem Milieu, das er bisher ängstlich gemieden hatte. Am 7. November berichtet er seiner Frau von einer politischen Versammlung: »Und obwohl man um die Biertische und zwischen den Tischen saß ... wars gar nicht beklemmend, nicht einmal für den Atem; der Dunst aus Bier und Rauch und Volk ging einem nicht unbequem ein, man gewahrte ihn kaum, so wichtig wars und so über alles gegenwärtig klar, daß die Dinge gesagt werden konnten, die endlich an der Reihe sind.« In dieser Luft, in einer jener Hinterstuben, zwischen Bierdunst und Rauch, gründeten in diesen Tagen ein paar enttäuschte Bohemiens und Kleinbürger die Deutsche Arbeiter Partei.

Ende April 1919 wird in München die Räterepublik niedergeschlagen. Es folgen die Rache der Reaktion, die Wochen des »weißen Schreckens« mit Geiselerschießungen und Folterungen. Eines Tages morgens um fünf findet bei Rilke die erste Haussuchung statt. Man beschuldigt ihn, Bolschewist zu sein. Weitere Durchsuchungen und Verhöre folgen. Am 1. Mai wird er verhaftet. »Am blutigen Tag der Erhebung«, erinnert sich später Alfred Wolfenstein, »am 1. Mai, mußte ich ihn von der Polizeiwache abholen: Dorthin hatte man ihn unter der Beschuldigung gebracht, er, Rainer Maria Rilke, habe mit einem Maschinengewehr auf die einrückenden Regierungstruppen geschossen.« Und auch hier, in der Schlußphase der Revolution, gibt es noch einmal einen Augenblick der Gleichzeitigkeit. Als Rilke unter der Beschuldigung, auf Regierungstruppen geschossen zu haben, auf der Wache saß, beobachtet Thomas Mann, wie sich »drei Regierungssoldaten mit Maschinengewehr« seinem Haus nähern, um es vor den »Roten« zu schützen. Hochbefriedigt notiert er in seinem Tagebuch: »Schenkte ihnen Cigarren.«

Das ist das Schlußbild jener Nacht, durch die der »dumpfe Umsturz« ging. Die Wege der Beteiligten trennen sich wieder. Thomas Mann und Rilke hatten sich nie etwas zu sagen, das »Snobistische und Preziöse«, so hat Thomas Mann 1941 bekannt, sei ihm immer »unbequem« gewesen. Und doch hat er sich die ästhetische und politische, von Nietzsche und Weltuntergangspathos geprägte Verwandtschaft eingestanden: »Da sehen Sie«, schrieb er an Agnes E. Meyer, »einen religiösen Zug, den Sinn für ›Kreuz, Tod und Gruft‹, in dem wir uns damals begegneten. Aber bei mir, denke ich, ist das alles wohl zugleich männlicher und musikalischer.«

Ob Rilke überhaupt je wußte, daß es Hitler gab, ist ungewiß. Robert Boehringer hat in der zweiten Auflage seines George-Buches die frühere Vermutung korrigiert, wonach Hitler in Elsa Bruckmanns Salon (die auch Schulers nachgelassene Werke herausgab) Schulers Vorträge gehört haben könnte.

Aber die Figur Schulers, des Mannes, der, ohne davon zu ahnen, vermutlich dem NS-Ideologen Alfred Rosenberg die Ideen gab, vermittelt zwischen Kunstbegriff und der nun beginnenden Epoche instinktverherrlichender Politik. Rilke hat Schuler, der zu den geistigen Inspiratoren der Mischung von Blutkult und Politik wurde, bis zuletzt verehrt. Mit an ihm ganz ungewöhnlichem Engagement hat er dem Schwabinger »Kosmiker« Lesereisen organisiert und Verlagskontakte vermittelt. Immer wieder, noch aus den späten Schweizer Jahren, erkundigt sich Rilke nach Schulers Ergehen. Als er im April 1923 von seiner Frau erfährt, daß Schuler noch in der Todesstunde bei der Erwähnung Rilkes gelächelt habe, ist er glücklich: »Und daß du das Lächeln nicht vergessen hast, das er, im Gedanken an mich, geschehen ließ ... macht mich Dir besonders dankbar. Dies mehr als alles von ihm noch zu wissen, tat mir schließlich not ... In den Sonetten an Orpheus steht vieles, was auch Schuler zugegeben haben würde; ja, wer weiß, ob nicht manches davon so offen und geheim zugleich auszusagen, mir aus der Berührung mit ihm herüberstammt.« Der »Dunst und Fackelgeruch« des von Schuler für nötig gehaltenen Weltbrandes erhebt sich noch zu dieser späten Stunde über Rilkes Landschaft.

»Schafft die Zeit sich keine großen Männer, so schafft der Mann sich eine große Zeit!« hatte der siebzehnjährige Rilke verkündet. Und diese ästhetische Heldenrolle wird von Rilke in allem, was kommt, nicht mehr verändert, sondern mit fast zwanghafter Konsequenz ausgefüllt: Man habe den Eindruck, so hat Robert Musil mit Blick auf die früh angelegte Konsequenz dieser Bildungsgeschichte geschrieben, daß der junge Rilke Rilke nachahme.

Die Energien, die Rilke zur Befestigung des ästhetischen Reichs aufwendete, waren enorm, der Ehrgeiz maßlos, und die alles andere ausschließende Willensleistung, mit der er den cäsarischen Traum der Jugend durchsetzte, muß sich mit derjenigen des fatalen Bruders Hitler vergleichen lassen. In einem überaus aufschlußreichen Brief aus dem Jahre 1920 hat er mit Blick auf die Kriegslyrik Richard Dehmels den fast totalitären Charakter seiner Arbeit offengelegt: »Kein Wort im Gedicht (ich meine hier jedes ›und‹ oder ›der‹, ›die‹, ›das‹) ist identisch mit dem gleichlautenden Gebrauchs- und Konversations-Worte; die reine Gesetzmäßigkeit, das große Verhältnis, die Konstellation, die es im Vers oder in künstlerischer Prosa einnimmt, verändert es bis in den Kern seiner Natur, macht es nutzlos, unbrauchbar für den bloßen Umgang, unberührbar und bleibend.«

Das sind Absichten, die unzählige seiner Altersgenossen, all die seit der Jahrhundertwende auftauchenden halbberühmten und halbgescheiterten Bohemiens aus Wien und München und die erfolgreichen Anführer der Avantgarde ganz genauso geträumt haben. Doch Rilke war, sieht man einmal von Stefan George ab, der einzige, der sie tatsächlich verwirklichte und damit zum Symbol ihrer Vollendung wurde. Kaum zufällig hat der ebenfalls aus Habsburger Verhältnissen stammende Robert Musil in der Grabrede auf Rilke ihn als den Vollender dieser Tradition gefeiert.

Hitler wirkt in alldem wie das verunglückte Muster des gleichen Typus. Und in einem anderen Fall ist Rilke die prinzipielle Verwandtschaft zwischen Kunst und Diktatur nicht entgangen. »Auch in Italien«, schreibt er in seinem Todesjahr an die Duchessa Gallarati-Scotti, »welch ein Aufschwung, nicht nur in der Literatur, sondern auch im öffentlichen Leben: Welch schöne Ansprache von Herrn Mussolini an den Gouverneur von Rom!«

Doch als die Angesprochene, ein Mißverständnis vermutend, um Aufklärung bittet, erläutert er: »Ich vermute, daß in der Politik wie in der Dichtkunst die rein menschlichen, die gewollt menschlichen Beweggründe wenig zählen ... Das Entscheidende aber ist nicht die barmherzige oder milde Absicht, es ist das Sichfügen unter ein gebieterisches Diktat, das weder das Gute noch das Böse will, sondern das uns ganz einfach befiehlt, unsere Gefühle, unsere Gedanken, all dieses Aufwallen unseres Daseins nach jener höheren Ordnung auszurichten, die uns so sehr übersteigt, daß sie niemals ein Gegenstand unseres Verstehens werden kann ... Die Freiheit allein ist zu wenig, selbst maßvoll und gerecht gebraucht, läßt sie uns auf halbem Weg, auf dem schmalen Gebiet unserer Vernunft zurück ... Ist es nicht dies, was die Diktatoren, die wahren Diktatoren, manchmal, wenn sie eine wohltätige und sichere Gewalt ausübten, begriffen haben?« – »Sie werden es mir nicht verübeln«, antwortet die leicht entgeisterte Gräfin, »wenn es mir nicht gelingt, Mussolini als jenen Diktator zu identifizieren, den sie der Menschheit von heute wünschen!«

Rilkes Lob der Diktatoren ist die genaue Umsetzung des ästhetischen Programms ins Politische: Freiheit, Trost sind Vokabeln des Konversationslexikons, der Welt und der Wirklichkeit; das künstlerische Bewußtsein erst macht sie zu einer ganz anderen Welt aus Wille und Vorstellung.

Seine Entrücktheit, das belegen solche Briefe, ist die Entrücktheit seiner Zeit, die sich mythologisch den schal gewordenen Alltag verklären wollte. Zur gleichen Zeit produziert diese Gesellschaft zwei völlig entgegengesetzte Alternativen. In Rilke und Hitler, betrachtet man sie als soziologische Typen, kreuzen sich zwei Wege und führen zu völlig entgegengesetzten Zielen. Die radikale Negation des Bestehenden im Namen einer irrealen Gegenwelt, eines Reichs, wie Rilke einmal bemerkt, »in dem man Schöpfer und Herrscher wird«, ist in diesen beiden Gestalten mit singulärer Intensität ausgebildet. Erst wenn man diese Nähe erkennt, sieht man, wie hier zur gleichen Zeit neben der düsteren Prophezeiung, die Hitler war, die ganz andere Möglichkeit steht, die der Lebensweg Rilkes symbolisiert: der Weg zu einem der wichtigsten Lyriker der deutschen Literatur.

Aber die beunruhigende Nähe stellt die Entstehungsbedingungen von Rilkes Kunst in ein grelles und abschreckendes Licht. Rilkes zeitlebens geäußerte Überzeugung, sie sei jungfräulich aus dem »Reinen« entstanden und strebe, quer durchs irdische Jammertal, dem »Reinen« zu, ist, so betrachtet, nur ein Reklameeinfall, auf den als erster der eigene Urheber hereinfiel. In Wahrheit, das zeigen seine Briefe aus den Wirren der Revolution, dröhnte sein Kopf nur so von den Moden, Phantastereien und Witterungen seiner Zeit. In seiner Erzählung »Urgeräusch« (1919) hat er sich ausgemalt, was zu hören wäre, wenn eine Grammophonnadel auf die Kopfnaht eines Totenschädels gesetzt würde. Das ist das Geräusch, das aus seinen politischen Äußerungen kommt.

Aber es gibt ein Dokument, in dem die Begegnung mit der künftigen Katastrophe und ihrem Verursacher stattfindet und das in ganz wenigen Sätzen den unermeßlichen Abstand aufzeigt, der ihn von jenem trennte. Als ihm im Februar 1919 eine um ihre Familie besorgte Bekannte ein Foto ihrer Söhne schickt, tröstet er sie: »Das beigelegte Bild: ich verstehe jetzt die Sorge, die Sie in ihrem vorletzten Brief als Mutter von drei Söhnen aussprachen, aber ich erkenne in der liebevollen Gruppe doch auch wieder das große überwiegende Glück, das Ihnen mit drei schönen und schon im jetzigen Ausdruck so vielfach künftigen Knaben geschenkt worden ist. Wer weiß, ob wir nicht das Schwerste an Wirrnis und Gefahr zu bewältigen haben, und ob nicht die nächste Generation in eine von selbst gleich sehr zukünftige Welt wird hineinwachsen dürfen.« Das Foto der Knaben aber zeigte Claus Graf Schenk von Stauffenberg im Kreise seiner Brüder.

Archaischer Torso Apollos

Wir kannten nicht sein unerhörtes Haupt,
darin die Augenäpfel reiften. Aber
sein Torso glüht noch wie ein Kandelaber,
in dem sein Schauen, nur zurückgeschraubt,

sich hält und glänzt. Sonst könnte nicht der Bug
der Brust dich blenden, und im leisen Drehen
der Lenden könnte nicht ein Lächeln gehen
zu jener Mitte, die die Zeugung trug.

Sonst stünde dieser Stein entstellt und kurz
unter der Schultern durchsichtigem Sturz
und flimmerte nicht so wie Raubtierfelle;

und bräche nicht aus allen seinen Rändern
aus wie ein Stern: denn da ist keine Stelle,
die dich nicht sieht. Du mußt dein Leben ändern.

(1908)

Der Panther

Im Jardin des Plantes, Paris

Sein Blick ist vom Vorübergehn der Stäbe
so müd geworden, daß er nichts mehr hält.
Ihm ist, als ob es tausend Stäbe gäbe
und hinter tausend Stäben keine Welt.

Der weiche Gang geschmeidig starker Schritte,
der sich im allerkleinsten Kreise dreht,
ist wie ein Tanz von Kraft um eine Mitte,
in der betäubt ein großer Wille steht.

Nur manchmal schiebt der Vorhang der Pupille
sich lautlos auf –. Dann geht ein Bild hinein,
geht durch der Glieder angespannte Stille –
und hört im Herzen auf zu sein.

(1903)

Herbsttag

Herr: es ist Zeit. Der Sommer war sehr groß.
Leg deinen Schatten auf die Sonnenuhren,
und auf den Fluren laß die Winde los.

Befiehl den letzten Früchten voll zu sein;
gieb ihnen noch zwei südlichere Tage,
dränge sie zur Vollendung hin und jage
die letzte Süße in den schweren Wein.

Wer jetzt kein Haus hat, baut sich keines mehr.
Wer jetzt allein ist, wird es lange bleiben,
wird wachen, lesen, lange Briefe schreiben
und wird in den Alleen hin und her
unruhig wandern, wenn die Blätter treiben.

(1902)

Schlußstück

Der Tod ist groß.
Wir sind die Seinen
lachenden Munds.
Wenn wir uns mitten im Leben meinen,
wagt er zu weinen
mitten in uns.

(1900/1901)

An der sonngewohnten Straße, in dem
hohlen halben Baumstamm, der seit lange
Trog ward, eine Oberfläche Wasser
in sich leis erneuernd, still' ich meinen
Durst: des Wassers Heiterkeit und Herkunft
in mich nehmend durch die Handgelenke.
Trinken schiene mir zu viel, zu deutlich;
aber diese wartende Gebärde
holt mir helles Wasser ins Bewußtsein.

Also, kämst du, braucht ich, mich zu stillen,
nur ein leichtes Anruhn meiner Hände,
sei's an deiner Schulter junger Rundung,
sei es an den Andrang deiner Brüste.

(Nachlaß)

Kriegsbegeisterte Studenten im August 1914 in Berlin.

Das Ungeheure betäubt jeden Geist, aber es ist in der Gewalt des Geistes, diese Lähmung wieder von sich abzuschütteln. Unsere Lähmung von uns abzuschütteln, um das geht es jetzt. Das völlig Unfaßliche ist Ereignis geworden; wir erlebens und fassen es nicht, werden es durchstehen, und es wird gewesen sein, wie ein dunkler Traum, durch dessen Finsternisse doch Gottes Licht hinzuckte, Gottes Atem hinwehte, fühlbarer als in öden, stockenden Jahren, die wir zuvor zu ertragen hatten. *Hofmannsthal, Appell an die oberen Stände, 1914*

Trakl als Einjährig-Freiwilliger 1910.

Rilke in Uniform, 1915.

Mir geht es nicht am besten. Zwischen Trübsinn und Trunkenheit verloren fehlt mir Kraft und Lust eine Lage zu verändern, die sich täglich unheilvoller gestaltet, bleibt nur mehr der Wunsch, ein Gewitter möchte hereinbrechen und mich reinigen oder zerstören. O Gott, durch welche Schuld und Finsterniß müssen wir doch gehn. *Trakl an Karl B. Heinrich, Januar 1914*

Nie, soweit wir die Geschichte sehen können, ist die Menschheit so im Ganzen umformbar geworden, wie in diesem ihrem schrecklichsten Schmelzofen, – wären nur die reinen Bildnerhände da –: jetzt wäre sie Wachs in ihnen. *Rilke an Katharina Kippenberg, 1917*

George, 1914.

Was ist eure ganze haltung eigentlich wert, wenn ihr glauben könnt, ein paar gehobene Schicksalsaugenblicke vermögen ein verkommenes Volk zu wandeln? »Ist der Bürger heute ein anderer als vor 1914?«
George an Edgar Salin, 1917

Truppentransport zur Westfront, August 1914.

Die ungeheuren Tage die wir erleben dürfen, die Verwandlung von vielen Millionen Leuten in *ein* deutsches *Volk*, das diesen heiligen Namen verdient, die Tatwerdung einer dumpfen Kräftemasse, deren Zersetzung uns schon ängstete, werden uns ja wohl auch ein neues Heldentum wenn schon nicht verwirklichen, so doch ermöglichen: dass die Goethische Bildung und die Bismarcksche Kraft nicht mehr nacheinander oder gar gegeneinander sondern miteinander ein Reich füllen und formen ... Es gibt wohl jetzt kein andres Volk mehr von dem man eine neue Weltwerdung erwarten darf, wenn es nicht die Deutschen leisten. *Der Literarhistoriker Friedrich Gundolf, ein Schüler Georges, im August 1914*

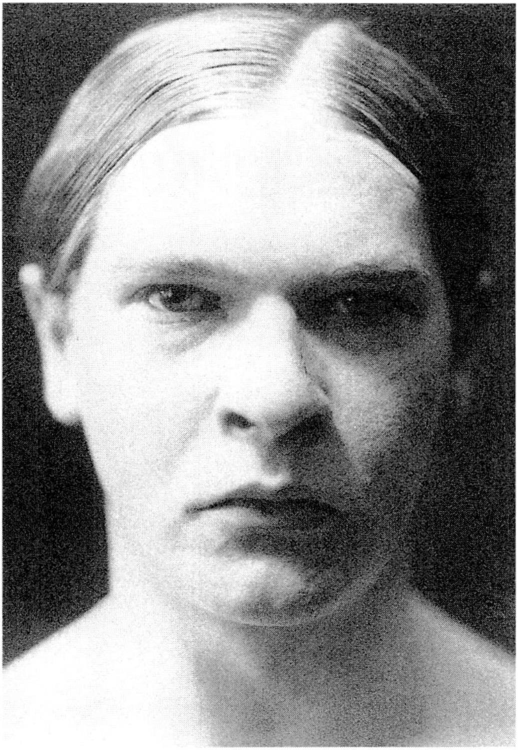

Trakl, 1909/10.

Zu wenig Liebe, zu wenig Gerechtigkeit und Erbarmen, und immer zu wenig Liebe; allzuviel Härte, Hochmut und allerlei Verbrechertum – das bin ich. Ich bin gewiß, daß ich das Böse nur aus Schwäche und Feigheit unterlasse und damit meine Bosheit noch schände. Ich sehne den Tag herbei, an dem die Seele in diesem unseeligen von Schwermut verpesteten Körper nicht mehr wird wohnen wollen und können, an dem sie diese Spottgestalt aus Kot und Fäulnis verlassen wird, die ein nur allzugetreues Spiegelbild eines gottlosen, verfluchten Jahrhunderts ist. *Trakl an Ludwig von Ficker, 1913*

Trakl als Medikamentenakzessist, 1914.

Trakl erzählte ... das Wenige und doch für ihn so sehr Verhängnisvolle, das er im Feld erlebt hatte. In der Schlacht von Grodek ... hatte er ohne ärztliche Assistenz die Betreuung von neunzig Schwerverwundeten übernehmen und machtlos, selber hilflos, diese Marter durch zwei Tage ausstehen müssen. Noch habe er das Stöhnen der Gepeinigten im Ohr und ihre Bitten, ihrer Qual ein Ende zu machen ... Einer mit einem Blasenschuß hatte sich eine Kugel durch den Kopf gejagt, und unversehens klebten blutige Gehirnpartikel an der Wand ... So oft er in das Freie trat, immer habe ihn ein anderes Bild des Grauens angezogen und erstarren gemacht ... *Ludwig von Ficker über seine letzte Begegnung mit Trakl*

Garnisonsspital Krakau.

Ich denke immer und immer an meinen Werthen lieben guten Herrn daß er so elendig und auf Solche Weise zugrunde gehen mußte! Also den 3. Abends war er noch so gut und Brüderlich sagte er noch um halb 7 Uhr bringen Sie mir Morgen um 7 1/2 einen Schwarzen und ich Soll Schlafen gehn. Und den 4. wars anders mein lieber Herr brauchte keinen Schwarzen mehr denn bei der Nacht hat ihn der liebe Gott zusich gerufen. Euer mit Thrauernder vom meinen Liebenden Herrn als Bursche Mathias Roth.
Trakls Bursche an Ludwig von Ficker, 1914

Meuterei der Matrosen der deutschen Hochseeflotte in Kiel, November 1918.

Wir standen über vier Jahre im Feuerschein, und so sehr sind uns alle anderen Lichter ausgegangen, daß uns jetzt der erlöschende Krieg in der furchtbarsten Finsternis zurücklassen wird, die es je gegeben hat, wenn nicht das Volk in seiner Not ein anderes gewaltsames Feuer entfacht, dessen Funken schon da und dort den Rand der Massen in Brand stecken.
Rilke an Anni Mewes, November 1918

Rotgardisten in München, 1918.

Nun ist auch hier ein Soldaten-, Bauern- und Arbeiterrat eingesetzt ... Dem nächtlichen Unternehmen ging eine Versammlung auf der Theresienwiese voran, die von einhundertzwanzigtausend Menschen besucht war. Nun bleibt nur zu hoffen, daß dieses ungewohnte Aufgestandensein in den Köpfen Besinnung erzeuge und nicht darüber hinaus die verhängnisvolle Berauschung. Bis jetzt scheint alles ruhig und man kann nicht anders als zugeben, daß die Zeit recht hat, wenn sie große Schritte zu machen versucht. *Rilke am 7. November 1918 an Clara Rilke*

Hitler am
4. November 1923
in München.

Wer hilft? Nur Ausnutzer der Trübe auf allen Seiten, nirgends ein Helfer, nirgends ein Führer, nirgends ein großer Überlegener. Ja, solche Epochen mag es schon gegeben haben, voller Untergänge, aber waren sie ähnlich ohne Gestalt?! *Rilke an Leopold von Schlözer, 1920*

Dies ist der Pfeil des Meisters

Der Staat des Dichters Stefan George, der Verrat und der ästhetische Fundamentalismus

Viele, die Stefan George begegneten, bekamen es mit der Angst zu tun. Ernst Bertram, der ihm in einem Münchner Salon vorgestellt wurde, glaubte, einen Werwolf vor sich zu haben. »Er kann töten, ohne zu berühren«, schrieb mit deutlichen Anzeichen der Panik Hugo von Hofmannsthal nach der ersten Zusammenkunft. Ida Coblenz, die einzige Frau, um die George je warb, sprach von dem Grauen, das der Mann stets in ihr geweckt habe. Und noch nach Jahren der Bekanntschaft wurde die verehrungsbereite Sabine Lepsius bei einem Spaziergang von »der plötzlichen, ich möchte fast sagen bösen Wirkung« des Dichters so überwältigt, daß sie sogar ihr Kind vor ihm in Sicherheit brachte. Ohne Zweifel war diese Wirkung gewollt und das Ergebnis eines weit zurückreichenden Stilisierungsprozesses. Ein Klassenkamerad hat, als die hochfahrende Unnahbarkeit Georges längst zum öffentlichen Ereignis geworden war, geschildert, wie der Sechzehnjährige 1885 im sozialen Kleinmilieu der Schule gewirkt hatte: »Die grauen, undefinierbaren Augen, niemand eines Blickes würdigend, zum Fenster hinaus gerichtet – so lehnte er uns alle restlos ab.«

Stefan George, 1868 in Büdesheim bei Bingen als Sohn eines Weinhändlers geboren, ist die rätselhafteste Erscheinung der deutschen Literatur dieses Jahrhunderts. Seine Gedichte sind geworden, was in den Worten Nietzsches die Musik Richard Wagners war, »die erste Weltumsegelung im Reiche der Kunst; wobei nicht nur eine neue Kunst, sondern die Kunst selber entdeckt wurde«. Aber diese große Expedition ist heute vergessen, mitsamt den Gedichten Georges in den Tiefen der Erinnerungslosigkeit versunken. Kaum einer liest ihn, kaum einer kennt seine Gedichte. Theodor W. Adorno, der in seiner Jugend zahlreiche Verse des Dichters vertonte, hat Anfang der fünfziger Jahre noch einen Teil des Georgeschen Erbes retten wollen. Adornos Versuch ist ebenso gescheitert wie die Bemühung all seiner um 1900 geborenen Generationsgenossen, deren Jugend- und Studienzeit sich unter dem ebenso verborgenen wie übermächtigen Einfluß des Dichters abspielte. Der heute fast Vergessene übte in den ersten dreißig Jahren dieses Jahrhunderts eine einzigartige Autorität aus und bildete, einem Wort Walter Benjamins zufolge, eine geistige Gegenmacht, von der schließlich ganze Fakultäten und Universitäten, Wissenschaftler, Teile des Beamtenapparats, Repräsentanten und einfache Mitglieder der Reichswehr, später der Wehrmacht und schließlich auch Politiker geprägt wurden. Er hat vor allem durch die Attitüde seiner radikalen Weltmißbilligung gewirkt und jenen Kräften Sprache verliehen, die in dem Vorhandenen eine Beleidigung des Gewesenen und im Gewesenen ein Anleitung für das Mögliche sahen. Der Kreis einfältiger, genialischer und zuweilen auch genialer Männer, die er um sich versammelte, hat auf Literatur, Wissenschaft, Politik und am Ende, in einer letzten verzweifelten Geste, auch auf die deutsche Geschichte eingewirkt. George gehörte zu jenem im Europa der Jahrhundertwende fast gleichzeitig und fast überall auftauchenden Typus der von der Kunst gleichsam umgeleiteten und aufgehaltenen Täter-Natur. Die ethische Bindungskraft der Kunst vermag schon in der nächsten Generation die Abirrenden und bürgerlich Desorientierten nicht mehr aufzufangen. Die entgleisten, ebenso ehrgeizigen wie von mangelnder Anerkennung zermürbten Halbbegabungen brechen unter dem Eindruck des Krieges gleichsam durch den Boden, den die Kunst den Älteren noch bereitete, und tragen die fehlgeleitete, nach Großem und Größtem zielende Energie der Künstlernatur in die revolutionäre Politik. Hitler ist dafür das folgenreichste Beispiel geworden, aber auch Joseph Goebbels, der als Student in Heidelberg verbittert, wenn nicht um Zugang zum George-Kreis, so doch um Anerkennung seines wichtigsten Repräsentanten, Friedrich Gundolfs, warb. George steht genau an der Scheidelinie dieser Generationen, und immer wird unklar bleiben, wie er sich, wenn er nicht im Dezember 1933 gestorben wäre, zum Nationalsozialismus (dessen Ehrungen er ablehnte) letztlich verhalten hätte. Er selber hat einmal bemerkt, er hätte womöglich die Welt verändert, wenn er den Ersten Weltkrieg als jüngerer Mann erlebt hätte. An anderer Stelle sagt er mit ironischer Beiläufigkeit, daß ihm auch das Amt des Reichskanzlers hätte zufallen können. Unter den Gleichgesinnten seiner Generation, unter all den Klages, Schuler, Derleth, die das Schwabing der Jahrhundertwende mit cäsarischen und terroristischen Phantasien bevölkerten, war er nicht nur der Bedeutendste, sondern, nach der Einschätzung Rudolf Borchardts, auch der Gefährlichste.

George war einer der großen Verschärfer im Reich der Kunst, das ihm gleichbedeutend mit der Welt des Sozialen wurde. Er hat der deutschen Literatur zum ersten Mal in ihrer Geschichte ein unversöhnliches Entweder-Oder eingegeben, das mit existentiellen Opfern und in einigen Fällen sogar mit dem Leben bezahlt wurde. Seit seinem dreißigsten Lebensjahr war er überzeugt, daß die Welt am Vorabend eines großen schismatischen Jahrhunderts stehe. Er hat in einem geradezu barbarischen Akt der historischen Rückwendung eine Glaubensspaltung in der Literatur betrieben, einen Gegenstaat gegründet und gleichzeitig, wie nicht nur Bertolt Brecht auffiel, die Regeln des modernen Marktes glänzend beherrscht. Stefan George hat, aus welchen psychosozialen Motiven auch immer, seine Abwehr und Absonderung bis zuletzt gelebt und den Menschen das Gefühl hinterlassen, sie eigentlich alle restlos abzulehnen.

Der Jüngling unterschied, als er im Paris der Symbolisten Mallarmé zu Füßen saß, nur zwischen dem Schönen und dem Häßlichen. Einige Jahre später, als der Lyriker einen Kreis gleichberechtigter Freunde um sich gesammelt hatte, wurden ihm Schönheit und Häßlichkeit zu Synonymen für Liebe und Haß. Aber seine Herrschaft über die Menschen begann erst, als er all dies auf den Urkonflikt zwischen Freund und Feind zurückführte. Die Unerbittlichkeit, mit der er fortan zwischen gut und böse, schön und häßlich, Freund und Feind unterschied, hat bei seiner Gefolgschaft überwältigende Glücksmomente und ebenso schreckliche Tragödien ausgelöst. Ekel, Haß und Gewalt – das waren, wie die überlieferten Zeugnisse belegen, keine Worte mehr wie noch in dem frühen Gedichtband »Algabal«, sondern psychische Tatsachen von großer Intensität. Auch die Liebe war es. So sehr, daß die unmittelbar Beteiligten noch in ihrer Erinnerung von der Unfaßbarkeit des Ereignisses überwältigt wurden. Zu den wenigen Dokumenten, die die Ambivalenz einbekennen, gehört eine Notiz von Ernst Glöckner, in der er seine Prüfung durch George beschreibt: »Ich haßte und liebte den Menschen zu gleicher Zeit aus tiefster Seele. Ich zitterte und bebte am ganzen Körper. Ich wußte, der Mensch tut dir Gewalt an – aber ich war nicht mehr stark genug. Ich küßte die dargebotene Hand und mit versagender Stimme flüsterte ich: ›Meister, was soll ich tun?‹ Er zog mich an seiner Brust empor, umarmte mich und küßte mich auf die Stirne ... Mir war wohl und süß, und doch verachtete ich mich in diesem Augenblick so, wie ich mich noch nie verachtet hatte. Ich war ihm dankbar und haßte ihn in einem Atem. Es war furchtbar.«

Wie alle Herrscher hatte George eine Witterung für den Verrat. Er las ihn, wie ein Freund überlieferte, an den Augen ab. In Briefen, die von nichts als Verehrung und Liebe sprachen, spürte er den Hauch kommender Untreue. Weil Ernst Bertram in seinem Nietzsche-Buch Thomas Mann erwähnte und auch sonst mit ihm Umgang pflegte, wurde er als unsicherer Kantonist verdächtigt. Stets kam der Moment, in dem

George über Freund und Feind entschied, zuweilen, wie etwa im Fall Edgar Salins, ohne daß die Beteiligten die Gründe kannten. Hugo von Hofmannsthal, der sich ihm entzog, Ida Coblenz, die sich nicht für ihn, sondern für Richard Dehmel entschied, Friedrich Gundolf, der eine unerwünschte Ehe einging – wohin man schaut, trifft man bei ihm auf dieses unheilbare Erlebnis des Verrats. Niemals ist ein Vertriebener wieder aufgenommen worden, nie ein Abtrünniger zurückgekehrt. Das Motiv des Verrats durchzieht Leben und Werk Stefan Georges von den ersten Algabal-Gedichten bis zu den späten Mahnversen im »Neuen Reich«. Aber auch die Abtrünnigen glaubten zeitlebens, wirklich etwas verraten zu haben, und manche von ihnen haben noch Jahrzehnte später Schriften mit diffizilen Rechtfertigungen und Selbsterklärungen publiziert. Friedrich Gundolf etwa, eine der interessantesten Erscheinungen des Kreises, hat, nachdem er wegen seiner Heirat mit Elisabeth Salomon verstoßen wurde, folgende Verse an George gerichtet:

Nicht um vergebung will ich flehen
Das urteil ist mir innen kund
Was ich getan ist mir geschehen
Ich bin die strafe und ihr grund.

Nur wenigen gelang die Lösung, und in der gesamten Literatur des Kreises gibt es überhaupt nur einen, der den Kreis aus der Sicht des Renegaten schildert: Max Kommerell.

Kommerell war ein Wunderkind. Und es gehört zum Unglück seines Lebens, daß er auf einen Lehrer traf, der größere Wunder als das eigene Selbst zu zeigen versprach. Noch der knapp Dreißigjährige war Lieblingsjünger, »Prinz«, »Puck« oder einfach »das Kind« und wurde später als »Judas« und »Kröte« verbannt. Er erlebte den Haß in seiner mythischen Urform: als Fluch, der noch über das Grab

hinaus den Abtrünnigen verfolgt. Den Freunden von einst wurde er zu Luzifer, der in sich den Hochmut des gefallenen Engels bewahrt. Er selber hat von dieser Verwandlung wie von einer Verwundung berichtet, und er bezog aus ihr sein Lebensthema: die Frage, ob nicht in aller Schönheit das Böse sei. Er nannte es mit den Worten Georges: das Frevelhafte.
Kommerell, der 1944 im Alter von zweiundvierzig Jahren starb, gehört zu der letzten Generation derjenigen, deren Bildungsgeschichte zugleich die Geistesgeschichte der Epoche ist. Sein Leben, diese Karriere einer eminenten Begabung, wirkt bruchlos: Er begann als Dichter, verfaßte mit sechsundzwanzig Jahren ein literaturwissenschaftliches Werk, das ihn mit einem Schlage berühmt machte und die respektvolle Gegnerschaft Walter Benjamins eintrug, er wurde Privatdozent und schließlich, wenn auch mit allerlei Hindernissen, noch nicht vierzigjährig, Ordinarius für deutsche Literatur. Wären da nicht der frühe Tod, die sonderbaren Alpträume der letzten Lebensjahre, man könnte von einem glücklichen Leben sprechen.

In Wahrheit aber hatte dieser Literarhistoriker Mühe, seine Biographie überhaupt zu verstehen, und zeitlebens war er davon überzeugt, um das Beste gebracht worden zu sein. Wie so viele der Figuren im Umkreis Georges hatte er ein Doppelleben, oder besser: zwei Lebensläufe, von denen der spätere wie die mühevolle Korrektur des früheren wirkt. Seit er sich von George befreit habe, sei alles nur noch »Nachholen des Versäumten, das Wegräumen des Verfälschten«, schrieb er sechs Monate vor seinem Tod. Selten wird man in solcher Nähe Zeuge des Versuchs, die eigene Jugend zu widerlegen.

Zu widerlegen, auszulöschen, abzubrechen war die gewalttätige Energie, mit der George in das Leben des Neunzehnjährigen eingedrungen war. Als Kommerell dem Dichter 1921 zum erstenmal begegnete und ihm widerstandslos verfiel, wiederholte sich, was Jahre zuvor den älteren Freunden widerfahren war. Die Wolfskehl, Gundolf, Kantorowicz, Morwitz oder Boehringer hatten das Erweckungserlebnis, das ihr Leben oft bis zum Tode bestimmen sollte, schon hinter sich. Neu und ganz ohne Vorbild war, daß Kommerell das erste Mitglied dieser zwischen Geheimorden, Dichterbund und Tyrannis changierenden Gemeinschaft war, das sich ihr wieder entzog und dabei die Abhängigkeit, die »pfäffische Orthodoxie« der Freunde auch beim Namen nannte. »George war ein König«, hat Kommerell nach dem Bruch einmal gesagt. »Das ist die Hauptsache. Und deswegen habe ich gefrevelt an ihm, aus welchem Müssen und aus welchem Recht es auch immer sei.«

Solchen Äußerungen lag der gleiche negative Stilisierungswillen zugrunde, der ihn einmal veranlaßt hatte, sich den »Proletarier des George-Kreises« zu nennen. Doch daß solche Sätze überhaupt gesagt werden konnten, zeigt, wieviel geschehen war, seitdem ein einsamer, ganz und gar unbekannter, knapp dreiundzwanzigjähriger Stefan George im Dezember 1891 ausgezogen war, einen Kreis um sich zu versammeln.

Kommerells jünglingshafte Erscheinung, sein zwanghafter Trieb zur Isolation bei gleichzeitiger Sehnsucht nach dem Lehrer, sein unbestimmtes, kindliches und wesentlich erotisches Erlösungsverlangen – dies alles gehörte zur Typologie des Kreises. Die Praxis der Initiation war in dem 1914 erschienenen Gedichtband »Der Stern des Bundes« in Form verschleierter Wechselrede zwischen Jüngling und Meister fixiert worden. Aber anders als seine Vorgänger fand Kommerell keinen dichtenden George mehr vor.

»Das Neue Reich«, Georges letzter Gedichtband, erschien erst 1928, davor lagen Jahre des Schweigens. Kommerell geriet in einen Zirkel, der, ganz im Gegensatz zu seiner zunehmend esoterischen und hermetischen Verfassung, über beträchtliche institutionelle Macht und sogar Popularität verfügte. Der politisch gewordene Kreis sprach – kaum noch ironisch – von sich als »Staat« und von seinen Mitgliedern als »Staatsstützen«.

»Ich vertraute mich schon beim ersten locken der neuen woge und tue es inniger mit jedem tag. So bin ich sehr glücklich hier und spüre von so viel vergangenem nur, daß es weg ist, und kaum ein verlieren.« Man muß diese Sätze, die Kommerell ein Jahr nach der Begegnung mit George an Gundolf richtete, im Gedächtnis behalten, um die Panik zu begreifen, die ihn noch viele Jahre nach dem Bruch an die Schwester schreiben läßt: »Glaubst Du nicht, daß bei mir alles zu spät ist? ... Ja, ich bekomme jetzt erst ein Auge für die Welt. Ist es nicht zu spät? Ich bin 32!! Sag was!« Wann immer er später auf die Zeit mit George zu sprechen kommt, taucht dieses Motiv des verschenkten und verblendeten Lebens auf. In Tannhäuser- und Zauberberg-Manier spricht er von der »verzauberten Gegend«, in der George ihm erschien, »unentrinnbar ... wo immer er aufstieg«. »Was folgte darauf? Eine neunjährige freiwillige Dienstbarkeit, mit wilden, aber nur inneren, wie vor 3000 Jahren in einem fernen Reiche geschehenen Abenteuern – und welche Enthaltsamkeit, welche Versäumnisse, welch frevelhaftes Glück und welche Zerstörungen ... Dann eine kaum mögliche Befreiung, und ich kam, ein wenig arm und linkisch, wie ich hineingeraten war, aus dem Zelt des Magiers heraus.«

Das bedeutendste Zeugnis seiner Jüngerschaft erwähnt er fast nie: Sein im Oktober 1928 erschienenes Buch »Der Dichter als Führer in der deutschen Klassik«, gegen das Benjamin seine berühmte, in ihrer Absage geradezu bewundernde Kritik »Wider ein Meisterwerk« richtete, war ungeachtet aller literarhistorischen Einsicht im Detail der Versuch, den Anspruch Georges historisch zu legitimieren und die Umrisse des neuen Reichs zu zeichnen. Ausdrücklich hat George den Führer-Begriff des Titels in Schutz genommen. Seine Begründung zeigt, daß er sich der politischen Assoziation durchaus bewußt gewesen ist: »es sei nur den heuti-

gen und vieldeutigen begriff ›Führer‹ ohne weitres auf geschehnisse der Goethezeit anzuwenden misslich«.
Ob sich Kommerell des eminent politischen Charakters seines Jugendwerks jemals bewußt geworden ist, bleibt unklar; seine späten Distanzierungsversuche jedenfalls sprechen dafür. Die »fehlende völkische Reife«, die in Kommerells Verständnis die Dichter seit Klopstock zu Freundeskreisen Zuflucht nehmen ließ, war ein überaus zweideutiges Argument. Wenn Georges Kreis nur Kompensation für den fehlenden nationalen Willen gewesen ist, dann konnte das Ziel, das er anstrebte, im Kreis allein nie verwirklicht werden. Das »Heute meisterlicher Herrschaft«, so schreibt er denn auch, verheiße »ein innig ernstes Morgen, wo die Jugend die Geburt des neuen Vaterlandes fühlt in glühender Einung und im Klirren der vordem allzu tief vergrabenen Waffen«. Kommerells Buch steht gleichsam an der letzten Schwelle des Georgeschen Wirkungsanspruchs – nur durch eine dünne Wand von der verfemten Außenwelt getrennt. Daß sein Verfasser, der bis 1933 den Nationalsozialismus durchaus akzeptierte, die Ambivalenz erkannte, belegt nichts so deutlich wie die von ihm selber in die Welt gesetzte Legende, wonach George ihm das Buch in die Feder diktiert habe.
Die Ursachen des Bruchs lassen sich eindeutig nicht mehr rekonstruieren. Mitglieder des Kreises sprachen in sonderbarer Kleinlichkeit von dem maßlosen Ehrgeiz, mit dem Kommerell seine Universitätskarriere verfolgt habe. Er selber hat seine Abkehr mit Friedrich Wolters' anmaßender und auf Unterwerfungsgesten zielender Darstellung »Stefan George und die Blätter für die Kunst« begründet. Darin wurde George zwar »zum Herrn der Gegenwart« gemacht, aber da Kommerell den Dichter kaum weniger erhoben hatte, ist die Begründung zumindest anfechtbar. Für George jedenfalls muß der Bruch völlig überraschend gekommen sein. Als Kommerell durch seinen Freund Johann Anton die Nach-

richt erhält, daß er in den Rat der »Stiftung zur Fortführung des Werkes von Stefan George« berufen werden soll, spricht er von den Veränderungen, die er »jetzt als Wissender durch drei Jahre zurückverfolgen« könne, und lehnt ab. Mehrmals taucht in dem kurzen Brief die Wendung vom »Gebot der Aufrichtigkeit« auf, das ihn zu dem Bekenntnis verlorenen Glaubens zwinge. Verzweifelte Briefe Johann Antons erinnern an die Drohung Georges, daß, wer ihn verrate, es eines Tages bereuen werde. Aber Kommerell spricht, deutlich wie niemals zuvor ein Mitglied des Kreises, von den »zahllosen kleinen Angriffen und Demütigungen«, den wie selbstverständlich geforderten Dienstleistungen, und ohne Zweifel hat er in dem unmittelbar darauf erfolgten Selbstmord Antons den Beginn von Georges Rache gesehen.

Was folgte, war, auch dort, wo es in scheinbar wissenschaftlicher Objektivität geschah, die nachgeholte Auseinandersetzung mit George. Daß er beispielsweise ein Buch über den Jean Paulschen Humor veröffentlichte, war seine Art der leisen Rache. »Völlige Abwesenheit von Humor Grundbedingung für solch krystallene Reinheit«, hatte er einst über George notiert. Das Ende der Beziehung muß eine kurze Notiz markiert haben, in der er von seiner Antrittsvorlesung spricht: »Gegenstand: Hofmannsthal«. Denn Hofmannsthal war der erste gewesen, den George zu gewinnen trachtete, und er wurde der erste Abtrünnige. Um sich dem Zugriff Georges zu entziehen, gab Hofmannsthal ihm damals das Gedicht »Einem, der vorübergeht«. Dessen unmißverständlicher Wunsch, er möge sich wieder entfernen, hat, wie man weiß, George zutiefst verletzt. In Kommerells Antrittsvorlesung über Hofmannsthal findet sich der Satz: »Sei denn auch uns sein Vorübergehendes vorübergehend.«

Kommerell hat die schonungsloseste Beschreibung von Georges Macht überliefert. »Das ganze Umeinanderleben«, so schildert er die Zusammenkünfte des Kreises, »beruhte auf einer so vollständigen Aufgabe des persönlichen Selbstgefühls, wie ich sie höchstens für einen Jüngling, niemals für einen Mann angemessen und erträglich nennen kann ... Ich sah mich und andere gedemütigt.« Aber selbst Jahre nach Georges Tod berichtet er in Briefen von Schreckensträumen, in denen er sich zu rechtfertigen habe, und noch auf dem Totenbett soll er, einer apokryphen Überlieferung zufolge, den Satz gesagt haben: »Dies ist der Pfeil des Meisters.«

Peter Hoffmann hat in seiner 1992 erschienenen Stauffenberg-Biographie erstaunliches Material zur politischen Verfassung des Kreises in den zwanziger und dreißiger Jahren zutage gefördert. Die Funde belegen, wenn nicht eine Nähe, so doch bemerkenswerte und deprimierende Übereinstimmungen zwischen George, Teilen des Kreises und dem Nationalsozialismus. Ein bislang unbekannter und von der Forschung bisher offensichtlich nicht rezipierter Brief, den Kommerell am 24. Juni 1930 an Johann Anton schrieb, zeigt den Literarhistoriker bei der Lektüre eines Buches: »Ich lese jetzt Hitlers 1. Band ›Mein Kampf‹. Masslos borniert, aber keineswegs instinctlos. Österreicher, ›Volk‹, keineswegs Proletarier. Und als Österreicher hat er den Mutterwitz fürs Einfache Richtige, wo der ›Intelligente‹ unter 50, vor dem Intellect gleichwertigen, Möglichkeiten die unmöglichste ergrübelte. Überraschend oft mit Deinem Meinem einstimmig! Indessen fehlt mir Bd. II, das Programm! Zu verachten ist nicht: er hat wirklich viel Geleistet. 10 Jahre – und nur Zuwachs. Parteilich eine wirkliche Gegebenheit, und Instincte, mit denen sich handeln läßt. Wer wollte hier unbedingt sein. Ich trenne: im Geistig Dichterischen bekreuzige ich mich, wie bekannt, vor parteilichem Sektentum – im Politischen bin ich gänzlich Unempfindlich. Hier gilt nur Mittel und Stufe.« »Ich freue mich«, schreibt er bald darauf nach einer Rede Hugenbergs, »trotz allem der Nazis. Ein Baustein sind sie – doch wer baut?« Das Schreckbild des Gebildeten, der sich geistig vor Hitler bekreuzigt und ihn politisch wählt, das sagt vielleicht nichts über die Sozialisationsformen des Kreises, aber über die psychischen Antriebe, die der Partei in der Weimarer Republik manches Mitglied zuführten.

Keiner konnte, eigenem Eingeständnis zufolge, mehr hassen als George. Sein Satz, er sei nicht zum Heilen da, zeigt, daß er wie jeder Revolutionär die Gegensätze verschärfen und emportreiben wollte, um sie schließlich zu lösen. Es war Rudolf Borchardt, der die bürgerkriegsähnlichen Konsequenzen aus Georges Politik am deutlichsten formuliert hat. In einer berühmten Passage spricht er von der »allgemeinen manieristischen und sadistischen Gebrauchstyrannei«, die George ausübe. »Ich kann mein leben nicht leben es sei denn in der vollkommnen äußerlichen oberherrlichkeit«, heißt es in einem Brief Georges an Sabine Lepsius. Und in merkwürdiger Unbefangenheit äußert er später mit Blick auf das »schöne Leben«, es sei besser, zu sterben, als dem ästhetischen Gesetz zu entraten. Und dennoch geht das Muster von Treue und Verrat in keiner Erklärung je auf. Denn zu der Erscheinung Georges gehört ihr geschichtsmystischer Überbau, der sich nur äußerlich in der Attitüde des Seherischen und Prophetischen abbildet. Gewiß hat er den Verrat als mächtiges Tabu im Innersten seines Kreises aufgerichtet. Wahr ist aber auch, daß zu seinen jüngsten und von ihm nachhaltig geprägten Gefolgsleuten Berthold und Claus Graf von Stauffenberg gehörten, die in den Stunden ihrer Entscheidung den Vorwurf des Verrats an Hitler gegen die Treue zu der Welt Georges aufrechneten. Zur gleichen Zeit versteckte in Amsterdam Wolfgang Frommel, Angehöriger der letzten Generation, die George noch sah, jüdische Kinder vor den Deutschen, rezitierte Gedichte und lebte mit ihnen nach den Regeln des Kreises. Daß George, der von sich behauptete, sein Gesundheitszustand spiegele den Zustand Deutschlands, im Jahre 1933 gestorben war, schien ihnen wie eine endgültige Aussage über das Wesen des Nationalsozialismus.

Zugleich hat es bei George und im Kreis spürbaren und teilweise deutlich artikulierten Antisemitismus gegeben. Nichts zerstört die visionäre Attitüde nachdrücklicher als der Satz, mit dem George im September 1933 gegenüber der Jüdin Edith Landmann die beginnenden Verfolgungen charakterisierte: »Ich will Ihnen etwas sagen: wenn ich an das denke, was Deutschland in den nächsten fünfzig Jahren bevorsteht, so ist mir die Judensach im Besonderen nicht so wichtig.« Schon im Mai 1933 schrieb Ludwig Thormaelen in einem von Hoffmann zitierten Brief an George über den preußischen Kultusminister Rust, der soeben die Entfernung der Juden von den deutschen Hochschulen eingeleitet hatte: »bestes wollend . konservierend und unreaktionär.«

Dies alles sagt nichts über den Wert des Kreis-Erlebnisses, aus dessen Mitte überzeugte Nationalsozialisten wie deren Gegner stammten, aber es addiert zu dem Phänomen dieses Dichters den politischen Subtext, den noch keine Analyse aufzulösen vermochte. Er, der in allen ästhetischen Fragen das letzte Wort besaß, hatte nichts dagegen, daß einer der Jünger eine Porträtbüste Hitlers anfertigte. Kurzum: Die Vielzahl antisemitischer Anklänge in Briefen läßt zumindest darauf schließen, daß die Absender Verständnis erwarten durften. Stefan George hat die »Ahnherrschaft« für den Nationalsozialismus in dem berühmten Brief an Rust anerkannt – um die im Reich verbliebenen jüdischen Freunde nicht zu gefährden, sagen die Apologeten; aus Überzeugung, sagen die Gegner.

In einer Studie über den »ästhetischen Fundamentalismus« Georges hat unlängst Stefan Breuer die soziale und psychische Konstitution der Jünger zu ergründen versucht. Er ist ihrer rätselhaften Hingebungs- und Unterordnungsbereitschaft nachgegangen und hat ein Persönlichkeitsbild entworfen, das in nahezu allen Details überzeugend ist. Fast durchweg sind sie unglückliche Akademiker, solche, denen die Universitätskarriere nichts gibt oder die sie mit unendlicher Langeweile quält. Fast alle haben sie in ihrer Pubertät einen biographischen Bruch, der stärker und lebensbedrohlicher ist als bei vergleichbaren Altersgenossen. Sie wechseln, wie Ernst Glöckner und Friedrich Gundolf, zwischen Selbstüberschätzung und völliger Selbstverachtung. Sie haben »Angst zu zerbröckeln oder zu zerfließen« (Glöckner) oder »Angst, irgendwie von den Quellen des Lebens, von den nährenden Wurzeln, den Instinkten, abgeschnitten zu sein« (Gundolf). Eine im Klischee gebliebene Kritik hat in den letzten Jahrzehnten George immer wieder als Täter und Tyrannen und als einen in exzentrischem Berufungswahn verstrickten Patriarchen geschildert. Gewiß war er all das, aber wesentlicher aus der Perspektive des Kreises war eine andere Eigenart, die Stefan Breuer mit großer Klarheit als erster bemerkt hat: »Zu George kommt man nicht in einem Zustand der Stärke und des Selbstvertrauens. Man kommt zu ihm vielmehr wie ein Patient zum Arzt, ein Kind zur Mutter. Es wäre deshalb falsch, in ihm nur den Despoten zu sehen, der mit hypnotischer Gewalt die Seelen in seine Abhängigkeit zwänge. Wie der Meister seine Jünger braucht, so brauchen umgekehrt sie ihn – mit der freilich nicht unwesentlichen Nuance, daß sie ihn ständig brauchen, während er seine Objekte nur zeitweise benötigt und leicht austauschen kann.«

George als die gute und die böse Mutter – ein überraschender Befund, der unmittelbar einleuchtend wird, wenn man sich der Schwabinger Feste erinnert, bei denen die Kosmiker Klages und Schuler in wahnhaften Séancen als Männer Kinder gebären wollten. George hatte damals die Kosmiker mit dem Hinweis abgefertigt, seine Mission sei es, Gedichte zu schreiben und nicht ein Narrenhaus zu bevölkern. Aber schon früh hat er selber sich auf Platon berufen, als er

den Kult der Doppelgeschlechtlichkeit, womöglich auch zu Tarnungszwecken, zu einem Motiv seiner Lehre machte. Nicht zu Unrecht hat man George in den Zusammenhang des deutschen Antimodernismus eingeordnet, dabei aber zuweilen die revolutionäre Energie unterschätzt, die ihn im Gefolge Nietzsches zu einem Beschädiger der Historie und damit der traditionellen antimodernistischen Zufluchtsstätte machte. Jene Traktat- und Proklamationszeit, der Thomas Mann entscheidende Passagen seines »Dr. Faustus« gewidmet hat, mit ihren Ängsten vor dem »Untergang der Seele«, hatte in George ihren Exponenten und Verkündiger. Mehr noch spiegelt sie sich in den Physiognomien und Biographien der Kreismitglieder. Sie, die mit wenigen Ausnahmen nicht die Vorzüge des Genies auf ihrer Seite hatten, bebildern in ihren Ängsten und Abhängigkeiten die Widersetzlichkeit des akademischen Bürgertums vor der durch den Ersten Weltkrieg mit aller Brutalität triumphierenden Moderne.
Friedrich Wolters hatte mit dem 1907 erschienenen geistesgeschichtlichen Traktat »Herrschaft und Dienst« so etwas wie die Verfassung des Staates geschrieben, in dem Stefan George herrschte. Das Buch ist über alle Maßen befremdlich und hat der Georgeschen Vorstellungswelt den Ruf der Tyrannei eingebracht. Das »Herrscherliche«, so hat er dem Dichterfreund Albert Verwey einmal gestanden, sei ihm nicht fremd. Schon der Dreißigjährige schlägt Hofmannsthal vor, eine Diktatur in Kunstdingen einzurichten. Kurz darauf sieht er sich an der Spitze einer »Geistigen Bewegung«, wie die von Gundolf und Wolters herausgegebene Zeitschrift hieß, und wird zum Meister seines Kreises. 1919 scheint er alles für möglich zu halten, und wenn auch leider die Zeugnisse gerade für diesen Zeitraum spärlich sind, so spricht doch einiges dafür, daß er von den revolutionären Ereignissen aufs höchste erregt ist und ein persönliches Eingreifen in den politischen Prozeß für möglich hält.

Dieser bekannten Außenansicht der Verhältnisse stellt Breuer die Innenansicht, das seelische Geschichtsbild, gegenüber. Er hat in gewisser Weise »Herrschaft und Dienst« ein zweites Mal, diesmal nicht unter dem mystischen Fackelschein der Blutleuchte, sondern im Licht der analytischen Psychologie geschrieben. Und dennoch gibt es einen Einwand, der auf den Rest dieses Lebens zielt. George hat nicht nur Relikte einer beispiellosen Wirkung hinterlassen. Manche seiner Gedichte (deren Schwächen Rudolf Borchardt meisterhaft notierte) verfügen noch heute – und fast ist man geneigt zu sagen: heute immer mehr – über eine Schönheit und Intensität, der man nicht viel anderes zur Seite stellen kann. In dem »Zeitgedicht« des Bandes »Der siebente Ring« hat sich George von dem Erfolg seines poetischsten Buchs, des »Jahres der Seele«, distanziert und auch seinen Anhängern später das Lesen daraus nur ungern gestattet. Aber die tiefe Melancholie dieses Buches findet noch einmal eine unendlich leichte, fast unbeschwerte Antwort in einigen der vollkommenen Gedichte seiner letzten Veröffentlichung, des »Neuen Reichs«. Wie sie entstehen konnten, darauf hat auch Breuer, darauf haben auch wir keine Antwort. Es sind Gedichte, wie man sie in diesem Jahrhundert nicht oft gelesen hat. Von einem (»Ihr tratet zu dem herde«) sagte des Dichters skeptischer Gefolgsmann Theodor W. Adorno, es speichere das »Gefühl eines ganzen Weltalters« auf.

Ihr tratet zu dem herde
Wo alle glut verstarb ·
Licht war nur an der erde
Vom monde leichenfarb.

Ihr tauchtet in die aschen
Die bleichen finger ein
Mit suchen tasten haschen –
Wird es noch einmal schein!

Seht was mit trostgebärde
Der mond euch rät:
Tretet weg vom herde ·
Es ist worden spät.

(1897)

Du schlank und rein wie eine flamme
Du wie der morgen zart und licht
Du blühend reis vom edlen stamme
Du wie ein quell geheim und schlicht

Begleitest mich auf sonnigen matten
Umschauerst mich im abendrauch
Erleuchtest meinen weg im schatten
Du kühler wind du heisser hauch

Du bist mein wunsch und mein gedanke
Ich atme dich mit jeder luft
Ich schlürfe dich mit jedem tranke
Ich küsse dich mit jedem duft

Du blühend reis vom edlen stamme
Du wie ein quell geheim und schlicht

Du schlank und rein wie eine flamme
Du wie der morgen zart und licht.

(1928)

Die Hüter des Vorhofs

Ich liess euch erst erziehn auf magrer scholle ·
In suchen Fiebernde in leid Vergrabne ·
Dass sehnsucht euch durch alle adern rolle:
Die kinder reift in Fromme und Erhabne.

Dann gab ich euch voll rosen und voll reben
Ein üppig sonnenland zu kurzer leihe
Damit ihr himmel säht und höchstes weben,
In hiesiger tage glanzumwobner reihe.

So wuchs in euch die würde und die ferne
Die · wartend · nie nach niedrer gabe tastet ..
So mehrt ich eure glut im innren kerne ·
Dass ihr das wahre bild am reinsten fasstet.

So nahmt ihr volle helle zum verklären:
Die stirn die ihr mit wein und lorbeer höhtet ·
Den wegrand blitzend von demantnen ähren ·
Das alte tal vom zauber angerötet.

Ihr bringt der aufgeklafften erde sühne
Der gier und wahn zerwühlten die geweide.
Ihr macht dass sie sich schliesse · wieder grüne ..
Und nackter tanz beginnt auf junger heide.

Durch jede muschel späht ihr kühnen schwimmer
Und aller felder seltne saat gewahret

Ihr Wachen die ihr jeden holden schimmer
Auffanget und für ewige zeiten sparet.

Ihr seid des zeichens dass von haft behindert
In rauhen mauern dass in gleiss und sammet –
Wenn auch bei allen – nie bei euch vermindert
Erinnerung wie ihr von göttern stammet.

(1907)

Das Lied

Es fuhr ein knecht hinaus zum wald
Sein bart war noch nicht flück
Er lief sich irr im wunderwald
Er kam nicht mehr zurück.

Das ganze dorf zog nach ihm aus
Vom früh- zum abendrot
Doch fand man nirgends seine spur
Da gab man ihn für tot.

So flossen sieben jahr dahin
Und eines morgens stand
Auf einmal wieder er vorm dorf
Und ging zum brunnenrand.

Sie fragten wer er wär und sahn
Ihm fremd ins angesicht ·
Der vater starb die mutter starb
Ein andrer kannt ihn nicht.

Vor tagen hab ich mich verirrt
Ich war im wunderwald
Dort kam ich recht zu einem fest
Doch heim trieb man mich bald.

Die leute tragen güldnes haar
Und eine haut wie schnee ..
So heissen sie dort sonn und mond
So berg und tal und see.

Da lachten all: in dieser früh
Ist er nicht weines voll.

Sie gaben ihm das vieh zur hut
Und sagten er ist toll.

So trieb er täglich in das feld
Und sass auf einem stein
Und sang bis in die tiefe nacht
Und niemand sorgte sein.

Nur kinder horchten seinem lied
Und sassen oft zur seit ..
Sie sangen's als er lang schon tot
Bis in die spätste zeit.

(1928)

Arbeitslose Hamburger Schauerleute um 1927.

Reines Charisma ist spezifisch wirtschaftsfremd. Es konstituiert, wo es auftritt, einen »Beruf« im emphatischen Sinn des Wortes: als »Sendung« oder innere »Aufgabe«. Es verschmäht und verwirft, im reinen Typus, die ökonomische Verwertung der Gnadengaben als Einkommensquelle ... [daher] ist es bei einer primär künstlerischen charismatischen Jüngerschaft denkbar, daß die Erhebung aus den Wirtschaftskämpfen durch Begrenzung der im eigentlichen Sinn Berufenen auf »wirtschaftlich Unabhängige« (also: Rentner) als das Normale gilt (so im Kreis Stefan Georges, wenigstens der primären Ansicht nach).
Max Weber

Bezahlung in Naturalien, Schloßparktheater, Berlin-Steglitz, September 1923.

Das Pathos der Preise erreicht schon fast russische Ausmaaße und alle die, die immer noch gewinnen dabei! *Rilke an Gudi Nölke, 1923*

Nach der Premiere des Rosenkavaliers am 26. 11. 1911: Max Reinhardt und Hofmannsthal (stehend in der Mitte) mit Richard Strauss (sitzend).

Zwischen der Zeit, in der wir jung waren, und heute liegt ein Abgrund, und einer, dessen Ränder nicht einmal fest sind, sondern der stündlich weiter um sich frißt. Das Begrenzte, auf dem allein wir geistig zu fußen vermögen, ist im Begriff, sich zu verflüchtigen wie Rauch; das Unmeßbare, die indefinite formlose Materie unserer Welterfahrung, überflutet den Bezirk unseres Daseins.

Hofmannsthal, Vermächtnis der Antike

George, Heidelberg 1919.

Doch wird mir unvergessen sein, dass ich ihn einmal nachts in Berlin heimkehrend auf der schon leeren Friedrichstrasse allein des Weges kommen sah und unwillkürlich ihm folgte, während er in rascher stampfender Gangart, heftig mit sich selbst redend, den Fußsteig in der Richtung der Linden schritt und von Zeit zu Zeit zornige Stockhiebe gegen das Pflaster führte, ein jäher, nichts um sich her wahrnehmender, mit etwas Eingebildetem rückweis kämpfender Mann, den Hut etwas zurückgeschoben, grobgliedrig und nicht gross, – Er selber wie er war, nicht wie er meinte sich geben zu müssen.

Rudolf Borchardt über George

George mit Freunden in der Halle der Villa Lobstein, Heidelberg, Pfingsten 1919.

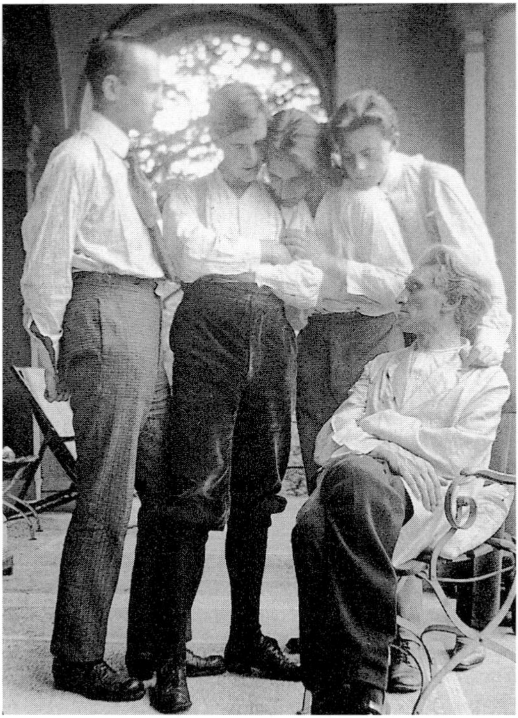

Noch nie hatte ich so viele bedeutsame und durch art und gestalt über das übliche maass hervorragende menschen zusammen gesehen. Wo nur das auge hinstreifte, wie feurig es auch selbst war, überall traf es auf ein noch glühenderes. Jeder von ihnen hatte eine andere scharf ausgeprägte gediegenheit, und doch passten sie alle ganz einheitlich zueinander, so dass der Meister wohl einmal sagte, es sei gar nicht notwendig, dass die seinen sich durch ein abzeichen von der menge unterschieden: an haupt und gliedern seien sie schon genug unterschieden, daran man erkennen könne, wes geistes sie seien.
Percy Gothein, Erinnerungen

George mit Percy Gothein und Woldemar von Uxkull, Heidelberg 1919.

Stunden waren mir nicht zuviel, im Schloßpark von Heidelberg, lesend, auf einer Bank, den Augenblick zu erwarten, da er vorbeikommen sollte. Eines Tages kam er langsam daher und sprach zu einem jüngeren Begleiter. *Walter Benjamin*

Edith Osterloh, Benns erste Frau, 1878 – 1922.

Die Freundin Else Lasker-Schüler im Jahr 1918, (1869 – 1945).

Wenn ein Mann mehrere Frauen sehr glücklich macht, die nichts voneinander wissen, von der jede zu glauben voll berechtigt ist, sie ihrerseits sei auch des Partners ganzes Glück – dies durchgeführt einige Zeit, sagen wir 6 Monate – ich finde das eigentlich sehr schön. Der Mann trägt die Lasten, das Gewissen, die Handlungsverantwortung, er belastet keine – dann geht er – nur er wäre voraussichtlich auch im anderen Fall zu seiner Zeit gegangen. *Benn, Weinhaus Wolf, 1937*

Die Freundin Tilly Wedekind als Fürstin Bismarck in Frank Wedekinds gleichnamigem Stück, 1931/32.

Ilse und Gottfried Benn in den fünfziger Jahren.

Soll ich nun hier ein Dienstmädchen nehmen, das nichts zu tun hat, oder eine Aufwartung, die stiehlt, u. daneben wieder die 2-3 Freundinnen, da sagte ich mir, ich kombiniere das lieber alles u. nehme mir eine Frau, die gesellschaftlich sicher ist u. ausserdem arbeiten kann u. die – 21 Jahre jünger, – zu erziehen mir sogar Freude macht u. der dieser elende Staat sogar noch Pension zahlen muss, wenn ich tot bin. Also, dies alles bestimmte mich, diesen Pagen in mein Leben zu nehmen, der mancherlei Talente hat, vor allem Schreibmaschine schreiben kann, nähen, kochen, arbeiten u. diese Veränderung seines Lebens als reine Arbeitsveränderung auffasst u. dementsprechend sich verhält.
Benn über seine Eheschließung mit Herta von Wedemeyer in einem Brief an Friedrich Wilhelm Oelze, 1938

Gottfried Benn in den dreißiger Jahren.

Rilke mit Baladine Klossowska und deren Sohn Balthus, um 1921.

Deine Liebe hat in gewissen Stunden unendlich mitgewirkt an meiner Bestärkung – tagelang verdanke ich meine Zukunft ihrer Weite und Herrlichkeit. Aber die Entscheidungen fallen nur im Alleinsein, und ich muß das meine wieder einmal erfassen und ausfüllen und in die großen Beziehungen einstellen dürfen, nach denen mich schon als Kind mehr verlangt hat, oh so unendlich mehr, als nach jedem Glück.
Rilke an Baladine Klossowska, 1921

Rilkes Arbeitszimmer im Turm von Muzot, wo er von 1921 bis zu seinem Tod im Jahr 1926 lebt.

Dort ist mein kleines Schlafzimmer, das sein Licht durch die Fensterspalte rechts empfängt, aber noch nach der anderen Seite, in den Baum hinein, einen kleinen Balkon vorschickt. Das Doppelfenster daneben und, um die Ecke herum, das nächste Fenster in der besonnten Westfronte gehören zu meinem Arbeitszimmer ... mit seinen alten Truhen, seinem Eichentisch von 1600 und der alten dunklen Balkendecke, in die die Jahreszahl MDCXVII eingegraben steht.« *Rilke an Marie von Thurn und Taxis, 1921*

Hofmannsthals Arbeitszimmer in Rodaun.

Nicht durch unser Wohnen auf dem Heimatboden, nicht durch unsere leibliche Berührung in Handel und Wandel, sondern durch ein geistiges Anhangen vor allem sind wir zur Gemeinschaft verbunden ... Alles Höhere, des Merkens Würdige aber, seit vielen Jahrhunderten, wird durch die Schrift überliefert; so reden wir vom Schrifttum und meinen damit nicht nur den Wust von Büchern, den heute kein einzelner mehr bewältigt, sondern Aufzeichnungen aller Art, wie sie zwischen den Menschen hin und her gehen.
Hofmannsthal, Das Schrifttum als geistiger Raum der Nation

Dem Licht ergeben und doch den Ratten pfeifend

Gottfried Benns Leid und Liebe in den Krisenjahren 1930 bis 1937

»Ich denke mir einen Dialog. Wie hieß deine Freundin damals, vor zwanzig Jahren? Ellen Lohmeyer. Wie sah sie aus? Wie Frauen aussehen, mittelgroß, Haarschopf oben. Was triebt ihr zusammen? Was man treibt, halb Lust, halb Langeweile. Wie war der Abschied? Wir gingen auseinander. – Beachten Sie: So verlaufen die Dinge, auch die mit Wirklichkeit beladenen, auch die echten.« Das schreibt Benn 1949. So verliefen die Dinge vor allem bei ihm: Entzauberung der Liebe, das war die Entzauberung des Gedichts. Der Grund: abzulenken, von den Trübseligkeiten der Inspiration.

Stadthalle Hannover, Sommer 1935. Wie nähert man sich dem poetischen Ort? Man nimmt die Linie 6 ab Kröpcke, Richtung Kleefeld. Links eine Wein-, rechts eine Bierterrasse, in der Mitte die Musikkapelle, wenige Menschen, viele davon Invaliden. Ein Bassin mit zwei Schwänen, eingefaßt von Alleen und Blumenbeeten. Davor läßt jeden Abend der Oberstabsarzt sich nieder.

Bisher hatte er viel Ärger in der Stadt. Gleich bei seiner Ankunft gab es aufreibende Streitereien mit der Hausbesitzerin über Badbenutzung, Wohnungsschlüssel und die sorgfältig zu erwägende Frage, ob »in einem Haushalt, wo drei Mietsparteien wohnen, das Klosettpapier von der Vermieterin getragen werden muß«. Sonst ist hier nichts los. Noch Jahre später ist ihm als einziges Erlebnis erwähnenswert, daß er sonntags »mit großen Reiseomnibussen in die Umgebung, nach Hameln oder Celle« gefahren ist, »alles«, wie er versichert, »interessante Orte«.

Aber lieber sitzt Gottfried Benn in diesem Sommer in der Stadthalle bei Bier oder Limonade. Es scheint ihm wichtig, daß seine wenigen Freunde ihn sich dort vorstellen können. Er erlebt nichts in dieser Stadt. »Faulheit, Nichtsdenken, Indifferenz«, das sei, so schreibt er, seine Beschäftigung. Kein Wort von Reife. Der Oberstabsarzt Benn wartet nur noch darauf, daß sich sein Leben »gründlich mit Schimmel überzieht«.
»Eigentlich«, versichert er später Elinor Büller, »muß man ja in dieser Art Städten genial werden. Es ist so namenlos stumpfsinnig, daß man nach innen muß.« Zwischen Miethändeln und Kinobesuchen, Aktenstudium und Dienstreisen, zwischen, wie er es nennt, »Schienzepp und Hakenkreuz« schreibt Benn wieder. Am 6. August 1935, knapp zwei Wochen nach dem Befund, daß er inwendig verschimmele, empfängt der Freund Oelze ein Gedicht, das sein Verfasser »Stadthallenelegie« nennt. Es beginnt mit der Strophe:

Tag, der den Sommer endet,
Herz, dem das Zeichen fiel:
die Flammen sind versendet,
die Fluten und das Spiel.

Und es endet:

Rosen und Waffenspanner,
Pfeile und Flammen weit –:
die Zeichen sinken, die Banner –:
Unwiederbringlichkeit.

Wie nähert man sich dem poetischen Ort? Nichts kann einem erklären, warum hier, unter solchen Umständen und von diesem Mann solche Gedichte möglich waren. Es gibt nichts, das einen in seine Nähe bringt. Kein romantisches

Modell, das noch bei Rilke die künstlerische Produktivität zu einem Produkt der außerordentlichen Lebensführung machte, keine sakrale Eingebung, die George den prophetischen Gestus annehmen ließ, keine Erlösungsphantasien, die für Kafka ein Vehikel der Phantasie bildeten, und nicht einmal der komfortable Schlafwagen, in dem Thomas Manns Tonio Kröger zwischen den Welten von Bürgertum und Künstlertum umherreist. All diesen Schriftstellern kann man sich auf Wegen nähern, die außerhalb des Alltags liegen. Hier geht das nicht. Benns ästhetische Doktrin ist zu sehr die – wenn auch nur kurze – Verbindung mit der Wirklichkeit des Jahres 1933 eingegangen. Was er von Hitlers Machtantritt erhoffte, hat er schon schnell zurückgenommen. Aber seit jenem Ereignis redet er nie wieder von großen Gedanken, ohne von Omnibusfahrten, nie von apokalyptischen Visionen, ohne gleichzeitig vom bunten Abend zu reden.

»Man kommt den Dingen mit Gedanken nicht mehr nahe«, hat er am Ende seines Lebens gesagt. Und so erreicht man ihn nur jenseits aller Verbrämungen und poetischen Metaphern, nur so, wie er es dem Freunde Oelze beschrieb: Linie 6, ab Kröpcke, Richtung Kleefeld; Stadthalle, Musik: »Ich bin so scharf auf Erika, wie Kolumbus auf Amerika«, Bier, abends vielleicht in den »Zigeunerbaron«. Und plötzlich erscheint zwischen allen diesen Wort- und Musikfetzen der »Tag, der den Sommer endet«.
Benn hat, was er damals tat, »Doppelleben« genannt. Man hat das stets so verstanden, wie Benn es verstanden wissen wollte: als Trennung von literarischer und öffentlicher Existenz, von Kunst und Leben, auch von Dienstwilligkeit gegenüber dem Regime einerseits und intellektuellem Selbstbehauptungswillen andererseits. Seit jenem autobiographischen Lebensbericht mit dem Titel »Doppelleben« sind, sieht man von dem die Rezeption beherrschenden Brief-

wechsel mit Friedrich Wilhelm Oelze ab, nur spärlich neue Dokumente ans Licht gekommen: sein Briefwechsel mit Tilly Wedekind (erschienen 1986) und die 1992 publizierte Korrespondenz mit Elinor Büller aus den Jahren 1930 bis 1937. Keine Sensation für die Interpreten, die den Brief, den Satz, das Wort suchen, mit denen das Lebensrätsel dieses wunderlichen Mannes entschlüsselt werden könnte. Seine bekannte Verstrickung in das Dritte Reich, der schnoddrig-aggressive Ton seiner Aufsätze, die emotionale Dürre, die über vielen seiner Briefe liegt, der äußere Stillstand und diese immer wieder durchbrechende pessimistische Gleichgültigkeit – dies alles würde erträglicher, wenn man bei ihm selbst die Antworten darauf fände.

Aber statt dessen: Stadthalle, Steinhuder Meer, Weinhaus Wolf. Seine von allen Bekannten bezeugten grüblerischen Absencen scheinen in den Briefen an die Freundinnen nichts hinterlassen zu haben, jedenfalls nicht die hochfahrenden Erkenntnisse, die man zu seinen Gunsten hinter der Maske aus Kälte und Sarkasmus vermutet. Seine Briefe dokumentieren äußerste Ruhelosigkeit, ausufernde Gedankenfluchten und eine stets alarmierte Gleichgültigkeit.

Lebensschicksale anderer, so warf ihm Elinor Büller in einem wütenden Brief vor, interessierten ihn ohnehin nur als »Erzählungen ..., mehr nicht und das schon zuviel«. Seine erste Frau hat er kurz nach der Heirat in eine andere Wohnung ausquartiert, nach ihrem Tod Tochter und Stiefsohn »trotz allen Bettelns« zu fremden Leuten gegeben, seine zweite Frau als besseres Dienstmädchen »eingestellt« – und doch finden sich kaum je Vorwürfe. Der Brief von Elinor Büller ist die einzige Anklageschrift gegen Benn, die sich neben dem Brief eines anderen Liebenden, der berühmten Abrechnung von Klaus Mann, erhalten hat. Aber, anders als Klaus Mann, hat Elinor Büller ihren Brief nie abgeschickt.

Benn befand sich in der Zeit seiner Beziehung zu Elinor Büller in seiner größten Lebenskrise. Die Nationalsozialisten hatten seine Hoffnungen enttäuscht. Seit der Röhm-Affäre fühlte Benn sich persönlich bedroht. Angriffe gegen ihn häuften sich. Von dem Eintritt in die Wehrmacht, dem Abschied von Berlin erhoffte er sich Schutz. In Hannover möchte er »versteinern«. Er war unglücklich in dieser »infernalisch dummen grauen Stadt« und wurde täglich unglücklicher. »Du bist die Nabelschnur, die mich mit der Erde verbindet«, schreibt er unmittelbar nach der Ankunft in Hannover an Elinor Büller. »Bin einsam und furchtsam.«

Diese Briefe an die Schauspielerin, die Benn 1929 in Berlin kennengelernt hatte, sind überreich an Beteuerungen, Beschwörungen, Angstgefühlen und ständigen Heimwehausbrüchen nach dem geliebten Berlin. Mit unermüdlicher Hingabe beschreibt er seine alltäglichen Malaisen. Er sammelt, als genügten die aus jeder Zeile fast körperlich sprechende Grauheit und Ödnis nicht, fast ausschließlich das Groteske in seinen kleinbürgerlichen Erscheinungsformen. »Herr Forstmeister, der Verlobte von Frau Sattler, ist Bluter und hat Hämorrhoiden. Hegen und Pflegen – sein ganzer Traum.«

Benns Berichte über die neue Wohnung, die Vermieterin, die Kollegen in der Kaserne sind Racheakte – nicht zuletzt an dem Beobachter selber. »Gesehen und gehört habe ich nichts«, meldet er fast flüsternd nach dem Einzug bei Frau Sattler, seiner Vermieterin, die gerne mit ihrem »blutroten Schlafrock raschelt« und wohl mal bessere Verhältnisse gesehen hat. Überall Offiziersbilder im Sattlerschen Heim, sogar die Epauletten eines kommandierenden Generals, aufbewahrt in einem Holzschrein. Aber er beschreibt all diese Insignien bürgerlicher Hochanständigkeit mit giftigem Mißtrauen.

Fast jeder Brief, den er seiner Berliner Freundin schreibt, ist ein Stück meisterlicher Untermieterliteratur. Man sieht einen großen Dichter in einem kleinen, schäbigen Zimmer, versorgt, wie er eigens erwähnt, mit Plumeau und Tee. Aber er wirkt wie hingestellt und vergessen. Seine Briefe gestikulieren, sie winken die Adressatin verstohlen auf die Bude und erzählen leise von dem eigentümlichen Haus. Warum wohl hängt über Benns Bett das Gemälde eines »nackten Weibes«? Auch hat Frau Sattler ein »gelegentliches Gschpusi«. Er heißt nicht Forstmeister, sondern ist einer, was die Angelegenheit für Benn nicht weniger bemerkenswert macht. »Sonnabend/Sonntag wohnt er hier, offenbar betreiben sie das Waidwerk, beide husten stark.« Er sammelt Indizien gegen diese vermutlich außerordentlich harmlose Frau. »Manchmal denke ich«, so zieht er schließlich das Fazit, »das Ganze ist ein Bluff!«

Bei alldem vergaß er, Elinor Büller über ein nicht ganz unwichtiges Detail seines Lebens zu informieren. Denn neben seinem Verhältnis mit ihr hatte Benn gleichzeitig eine ausgedehnte Liebesbeziehung mit der Schauspielerin Tilly Wedekind. Hinzu kam, daß er schon ein Jahr nach seiner Ankunft in Hannover seine spätere zweite Frau, Herta von Wedemeyer, kennenlernte. Bis 1937 lebte er in dieser brieflich abgerundeten Dreierbeziehung, bei der keine von der anderen wußte. Nur Oelze weihte er ein. »Mit beiden gleichzeitig«, teilt er ihm bündig mit, »es ist Blödsinn, daß die Frau uns alleine will. Ich habe ganz gegenteilige Erfahrungen gemacht.« Doch auch gegenüber Oelze, den er damals noch kaum kannte, schien Vorsicht geraten. Offensichtlich hielt Benn den Bremer Kaufmann anfänglich für homosexuell und befürchtete, der Freund habe es auf ihn abgesehen. Nicht ohne geschmeichelten Unterton hinterbringt er seinen Freundinnen diesen Verdacht.

»Gute Regie ist besser als Treue«: Mit dieser Losung organisiert er seine erotische Existenz. In diesem Zusammenhang fällt zum ersten Mal der Begriff »Doppelleben«. »Hier bietet sich«, schreibt er an Oelze, »eine köstliche Gelegenheit zu Doppelleben und Dämonenzauber, am Tag jawohl und zu Befehl und den Hintern rausgestreckt und abends Destruktion und Rassenschande. Tags Baldur, dem Licht ergeben, und nachts Loki, den Ratten pfeifend.«

Seine Arbeitsteilung ist äußerst wirtschaftlich. Tilly Wedekind teilt er am 12. Juni 1935 mit: »Gestern abend war es milder. Um 11 ¾ allgemeiner Aufbruch, um 12 ½ war ich zu Hause. Hatte wenig getrunken, habe heute keinen Kater. Milieu wesentlich einfacher wie am Donnerstag.« Und er gibt den für die Empfängerin unbegreiflichen Rat, seine Briefe sofort zu verbrennen, »obschon ja gar nichts Böses drinsteht und gar nichts Politisches«. Dieser Vorschlag wird nur verständlich, wenn man den Brief liest, den er am gleichen Tag an Elinor Büller schreibt. Denn der Brief an Elinor ist völlig identisch, nur daß Benn diesmal nicht nur »wenig«, sondern »sehr wenig getrunken« hat.

So geht es oft. »Morchen« und »Tillerchen« bekommen immer wieder fast gleichlautende Briefe, obwohl er gegenüber Oelze doch einen Unterschied macht: die eine sei die »himmlische«, die andere die »irdische« Liebe. Wenn er sich einsam fühlt, lädt er Elinor ein und beschwört am gleichen Tag die ahnungslose Tilly: »Darfst erst in 14 Tagen kommen!« Besucht ihn eine der Geliebten, achtet der Oberstabsarzt auf Comment: »Hole Dich ab. Bitte nur Handtasche. Gehn zu Fuß!«

Auch Oelze wird eingespannt. »Ob ich komme, zweifelhaft«, schreibt er ihm in den Harz. »Bitte Sie um genauen Stimmungsbericht, da ich erzählen muß, daß ich da war.« Gleichzeitig muß er bei Elinor Büller Eifersucht gegen den Freund dirigieren, weil er ihm und nicht ihr den jüngsten Gedichtband gewidmet hat. Er werde Oelze, schreibt er ihr begütigend, »überhaupt von jetzt an kürzer halten mit Briefen. Er fängt an mich zu langweilen. Er hat mich nun wohl auch alles über mich gelehrt, was er mich lehren konnte.« 1937, als er der fassungslosen Freundin die bevorstehende

Heirat mit Herta von Wedemeyer beichtet, folgen in völliger Verkennung der Lage ausführliche Begründungen, warum er heiraten muß. »Denn wenn ich sie nun abhänge, geht wieder die gleiche Misere los wie vorher, das totale Alleinsein, die wirtschaftliche Verkommenheit mit zerrissenen Sachen, Flecken in der Uniform.«

Das alles ist eine Farce, und geradezu lustvoll übernimmt er seine eigene kuriose Rolle. Abends sitzt Gottfried Benn bei den Damen der Offiziere und führt Gespräche »über Hans Albers' zärtliches Familienleben mit seinem Muttchen«, er organisiert Herrenabende im Weinhaus Wolf und gesellige Ausflüge in die Umgebung. All das beschreibt er. Aber was man von ihm hören möchte, beschreibt er nie: Wann und wie er zu seinen Gedichten findet, die er in den Zwischenräumen dieser Existenz noch immer schreibt, was verworfen, was begonnen, was vollendet wurde. Was er eigentlich tut, nachts, den Ratten pfeifend, was sich in seinem Gehirn bildet und formt – darüber nichts.

Der fünfzigjährige Benn behauptet in diesen Briefen stets, daß dies alles Abschied, Ende, Erschöpfung seiner letzten Kräfte sei. »Schreibe wenig«, teilt er Oelze im April 1936 mit und fügt hinzu: »Weine im Traum.« Doch mit unglaublicher Zähigkeit wartet er darauf, daß etwas in ihm geschieht. Er frage sich oft, heißt es in einem verzweifelten Brief an Elinor Büller, »ob der Durchbruch noch kommt«. Mit Genugtuung registriert er die Schläge, die Schwierigkeiten, das schleichende Gift eines unglücklichen Lebens. Seine gewählte, antiintellektuelle Pose hindert ihn, deutlicher zu werden. Aber den Briefempfängern konnte nicht entgehen, daß er das große Desaster seines Lebens verschwieg. Der jetzt so genußvoll-angewidert über Hans Albers und bunte Abende referiert, hatte drei Jahre zuvor den Nationalsozialismus mit den Worten begrüßt: »Der Mensch will groß sein, das ist seine Größe; dem Absoluten gilt unausweichlich sein inneres Bemühen.« Als soziale Erscheinung, das war allen Beteiligten klar, mußte der, der einst so triumphierte, jetzt eine komische Figur abgeben.

Zweifellos hatte er, ohne es anderen je einzugestehen, ein schlechtes Gewissen, und in seinen übertriebenen Verfolgungsängsten, die sich bis zu Hinrichtungsphantasien steigern, spricht auch die Sehnsucht nach der verlorenen Integrität. Es war ihm peinlich, daß er sich auf die Seite einer ordinären Bewegung gestellt hatte, und irgendwann muß er begriffen haben, daß es sich hier nicht nur um Geschmacksfragen, sondern um Verbrechen handelte. Das zerstörte die cäsarisch-nihilistische Pose der Frühzeit. Fortan machte er sich zum Opfer der Weltläufte: ein Opfer, das das schlechte Gewissen des Täters in sich trug. Und an dieser Bruchstelle entstand jene demonstrative Gleichgültigkeit, jene fast schon pathologisch wirkende Indifferenz, mit der er sich vor allem gegen sich selber wappnete.

Heute wissen wir, daß die Briefe aus den Jahren 1936 bis 1937 Gottfried Benn in dem Augenblick abbilden, da der ersehnte Durchbruch tatsächlich bevorsteht. Es entstehen Gedichte wie »Anemone«, »Einsamer nie«,»Wer allein ist«, »Die Gefährten« und »Astern«. Jene versunkene, schroff unnahbare Figur vor der Bierterrasse, dieser etwas kleinkrämerische Regisseur seines privaten Lebens ist im Begriff, einer der bedeutendsten deutschen Lyriker des Jahrhunderts zu werden.

Ohne daß er darüber Rechenschaft ablegt, beginnt er eine neue Existenz anzunehmen. Sie steht in völligem Widerspruch zu allem, was die Dichter seiner und der vorigen Generation vorlebten. Sie steht in völligem Widerspruch zu seinen ungebrochenen Größenphantasien. Das ist nicht die »Stimme des Adriatischen Meeres«, mit der Rilke seinen Durchbruch verklärte, kein Maximin, der Georges Wendung markierte, keine politische Ideologie, die Brecht auf die Sprünge half. »Wenn ich an die Jahre 1918 bis 1923 denke«, schreibt Benn an Elinor, »die letzten ›expressionistischen Jahre‹, mein Gott, was habe ich mich gepreßt und massakriert und erniedrigt und gepeitscht, um Kunst zu machen, um zum letzten erfühlbaren Ausdruck zu kommen. Die Sonntage, mit Hungern und Kaffeetrinken bis zum Taumeln, die Nächte vielfach verbummelt, um noch müder, depressiver, mürber zu sein.« Er ist jetzt in allem das Gegenteil. An Sonntagen mit der Reisegruppe nach Hameln, abends um neun Uhr ins Bett. Die kleinbürgerliche Existenz wird zum Ort der Inspiration. Die idealisierte Antike ist besiegt. Die Statue im arkadischen Hain ist er selber geworden, sitzend in der Stadthalle zu Hannover. Hier, wenn irgendwo, ist die Trostlosigkeit der modernen Existenz gelebt, ohne gedacht zu sein.

Was jetzt beginnt, ist Regression und Zerstörung. Denn Benn muß sich eingestanden haben, daß er der geistigen Aufgabe, die er sich Ende der zwanziger Jahre gestellt hatte und in der das Absolute und der Nihilismus eine ebenso führende wie undurchsichtige Rolle spielten, intellektuell nicht gewachsen war. Ehe man bei hochtrabenden Begriffen wie dem Versagen des Geistes Zuflucht sucht, sollte man von banalem intellektuellem Versagen sprechen. Er selbst hat darauf hingewiesen, daß, wenn vom großen Scheitern die Rede ist, oft nur das Klassenziel nicht erreicht wurde, Gedanken und Begabung sich angesichts der gestellten Aufgabe als zu schwach erwiesen. Es kam die Angst des Intellektuellen vor der Erfüllung seiner Wünsche hinzu: Der so düster über »Zucht« und »Zuchtwahl« reden konnte, wie selbstverständlich vom »unwerten Leben« sprach, fand sich im Zentrum eines Verbrechens wieder, das das Alibi, das er ihm gab, nicht einmal verlangt hatte.

Nach der ersten Ernüchterung hielt er den Nationalsozialismus für die ordinäre Variante einer immerhin noch glaubwürdigen Idee. Aber irgendwann zwischen 1935 und 1937 muß er begriffen haben, daß seine eigene Idee über Intuition und dunkle Fühlung nie hinauskommen würde. Irrtümer zu begehen und der eigenen inneren Stimme doch immer wieder zu folgen – das blieb bis zum Ende seines Lebens eine seiner Maximen. Vieles spricht dafür, daß er selbst niemals so genau wußte, was er meinte, wenn er von Geist oder Ursein sprach.

Er hat das nie eingestanden und selbstkritische Anwandlungen stets in die Form des aggressiven Überdrusses gekleidet. »Der Geist ist isoliert und tragisch«, schreibt er im Januar 1937 an Elinor Büller, »gut, aber das wissen wir nun! Ich wende mich fort von diesen Gedankengängen, ich ertrage sie nicht mehr, sie sind leer, sie sind dumm, es sind Gedankengänge, die bereits Herr Oelze in sich aufgenommen hat und herumträgt, wenn er in Schierke in großer Einsamkeit im Schlitten durch die verschneiten Harzwälder unter türkisblauem Himmel spazierenfährt.« Was ihn übrigens nicht hindert, Oelze am gleichen Tag zu empfehlen, was er soeben verhöhnt hat: »Also betrachten Sie die Schneestürme und den türkisfarbenen Frosthimmel, Sie betrachten große und tragische Gegenstände.«

Diese große Krise hat in Benns Lyrik ein unverwechselbares Merkzeichen hinterlassen. Was er nicht mehr war, mußte beschworen werden, und sei es in der Form der Selbstbeschwörung. Die geistesgeschichtliche Erwartung, die von Nietzsche geprägte Adventsstimmung seiner früheren Texte, wird nun gleichsam privatisiert. Fortan tauchen in Benns Gedichten die verlockenden Imperative auf – Du sollst, Du mußt. »Du mußt dir alles geben«, schrieb er schon 1929, »Götter geben dir nicht«.

Elinor Büller, deren Briefe an Benn nicht erhalten sind, muß die Veränderung deutlich gespürt haben. Andeutungen von ihm sollen sie auf den Rollenverlust in den neuen Denkverhältnissen vorbereiten, aber offensichtlich mißversteht sie die Zeichen. Sie, die sich schon Visitenkarten mit der Aufschrift Elinor Benn hatte drucken lassen und sich nun betrogen vorkommt, sucht wohl auch Gründe für einen Streit.

Als er begeistert von seiner Faulkner-Lektüre spricht, muß sie ihn darauf hingewiesen haben, daß Faulkner bei den Machthabern nichts gilt, was ihn zu einem Wutausbruch veranlaßt. Dann fordert sie ihn auf, doch endlich wieder ein Buch zu veröffentlichen, eine Aufforderung, die ihn an ihrem Verstand zweifeln läßt. »Ich betrachte ausnahmslos und alles, was ich irgendwo aus deutschem Gehirn gedruckt sehe, von vornherein für allerletzten Dreck. Was heute die Lizenz der Schriftleiter und Lektoren passiert, muß Dreck sein.« Und er schließt mit der erstaunlichen Bemerkung: »Heute hat überhaupt nur Zweck, mit ganz gefährlichen, rücksichtslosen, brutalen Mitteln vorzugehn, wenn man sich den geistigen Fragen nähert. Was nicht direkt ins KZ-Lager führt, ist albern ... mit Papier kommt man Bestien nicht bei.«

Ein paar Monate später wird Benn von dem Kunstmaler Wolfgang Wilrich in einem Buch scharf als Protagonist der ästhetischen Decadence attackiert. Wilrich ist einflußreich und gefährlich. Benn rechnet mit allem. Am 12. September 1937 schreibt er an Tilly Wedekind fast einen Abschiedsbrief: »Ich habe das Schicksal meiner Generation auf mich genommen, ohne zu fragen, ob es gut oder böse ist, ob es Ruhm oder Vernichtung mit sich bringt.« Es ist eine der wenigen pathetischen Passagen, die er, der sonst mit einer Metapher Weltreiche verdämmern macht, sich im Moment der wirklichen Bedrohung erlaubt.

Dieser Moment der Gefahr aber legt noch einmal einen Schleier um das Bild dieses Mannes. Während er verwirrt und verängstigt seine Verteidigung organisiert, beginnt sich ein stupider, gefühlloser und angstauslösender Apparat in Bewegung zu setzen. Aber dieser Apparat, der dem Dichter für eine Minute ganz nahe rückt, Akten studiert, Gutachten liest und Ratschläge einholt, will dieses eine Mal nicht vernichten, sondern helfen.

Genau zehn Tage, nachdem Benn an Tilly Wedekind ge-

schrieben hat, wird in Berlin ein Brief zu seiner Rettung verfaßt, und alles spricht dafür, daß der Dichter bis zu seinem Tode von der Existenz dieses Schreibens nichts wußte. »Ich kenne den Fall Benn sehr gut«, heißt es in dem an Wilrich adressierten Brief, »und halte das Aufrollen dieses Falles von Ihrer Seite für unnötig. Benn hat ohne Zweifel früher diese Gedichte geschrieben ... Die Künstler hatten vier Jahre Zeit, um sich zu ändern ... Benn hat sich seit dem Jahre 1933 und auch schon früher in nationaler Hinsicht absolut einwandfrei gehalten. Jetzt wie ein Amokläufer gegen diesen Mann vorzugehen ... halte ich für unnötig und unsinnig.« Es sei absurd, so schließt das Dokument, »jeden einzelnen, der im Jahre 1918/19 und auch meinetwegen später als Künstler dumme Sachen geschaffen oder verfaßt hat, nun bis zur Vernichtung seiner Existenz zu verfolgen.« Unterzeichnet ist dieser Brief von Heinrich Himmler.
Vielleicht gehört es zur Summe dieses Jahrhunderts, daß über den Lyriker, der die Dichtung zu einem ihrer letzten großen Höhepunkte gebracht hat, ein wohlwollendes Gutachten von Heinrich Himmler existiert. Unheimlich bleibt es, und dieses Wissen schreibt sich in die robuste Melancholie seiner Verse ein. Wer ihn dort sitzen sieht, immer noch vor der Stadthalle in Hannover, muß all dies zur Erscheinung hinzudenken. Frau Sattler und Himmler, Tilly und Elinor und auch seine Reaktion, als ihm Klaus Mann den Mephisto-Roman mit der Bennschen Widmung »Die du verlassen/sie atmen noch« zusendet. Er sehe darin, so teilt er ohne jede Gemütsregung sogleich Tilly, Elinor und Oelze in gleichlautenden Wendungen mit, weniger eine Drohung als ein Zeichen von Anhänglichkeit.
Es gibt, hat er einmal verkündet, keinen anderen Gegenstand für die Lyrik als den Lyriker selbst. Das Selbstporträt, das Benns Briefe an Elinor Büller entwerfen, hat einen unaufklärbaren Rest. Etwas Feindliches, Bedrohliches haftet Benn bis heute an. Aus den hier beschriebenen Lebensver-

hältnissen entstanden Gedichte, von denen man einige nie wieder vergißt. Gottfried Benn vor der Stadthalle in Hannover: wenn man ihn dort sähe, man würde ihn nicht erkennen.

Astern

Astern – schwälende Tage,
alte Beschwörung, Bann,
die Götter halten die Waage
eine zögernde Stunde an.

Noch einmal die goldenen Herden
der Himmel, das Licht, der Flor,
was brütet das alte Werden
unter den sterbenden Flügeln vor?

Noch einmal das Ersehnte,
den Rausch, der Rosen Du –
der Sommer stand und lehnte
und sah den Schwalben zu,

noch einmal ein Vermuten,
wo längst Gewißheit wacht:
die Schwalben streifen die Fluten
und trinken Fahrt und Nacht.

(1935)

Einsamer nie –

Einsamer nie als im August:
Erfüllungsstunde – im Gelände
die roten und die goldenen Brände
doch wo ist deiner Gärten Lust?

Die Seen hell, die Himmel weich,
die Äcker rein und glänzen leise,
doch wo sind Sieg und Siegsbeweise
aus dem von dir vertretenen Reich?

Wo alles sich durch Glück beweist
und tauscht den Blick und tauscht die Ringe
im Weingeruch, im Rausch der Dinge –:
dienst du dem Gegenglück, dem Geist.

(1936)

Nur zwei Dinge

Durch so viel Formen geschritten,
durch Ich und Wir und Du,
doch alles blieb erlitten
durch die ewige Frage: wozu?

Das ist eine Kinderfrage.
Dir wurde erst spät bewußt,
es gibt nur eines: ertrage
– ob Sinn, ob Sucht, ob Sage –
dein fernbestimmtes: Du mußt.

Ob Rosen, ob Schnee, ob Meere,
was alles erblühte, verblich,
es gibt nur zwei Dinge: die Leere
und das gezeichnete Ich.

(1953)

Aprèslude

Tauchen mußt du können, mußt du lernen,
einmal ist es Glück und einmal Schmach,
gib nicht auf, du darfst dich nicht entfernen,
wenn der Stunde es an Licht gebrach.

Halten, Harren, einmal abgesunken,
einmal überströmt und einmal stumm,
seltsames Gesetz, es sind nicht Funken,
nicht alleine – sieh dich um:

Die Natur will ihre Kirschen machen,
selbst mit wenig Blüten im April
hält sie ihre Kernobstsachen
bis zu guten Jahren still.

Niemand weiß, wo sich die Keime nähren,
niemand, ob die Krone einmal blüht –
Halten, Harren, sich gewähren
Dunkeln, Altern, Aprèslude.

(1955)

Epilog

I
Die trunkenen Fluten fallen –
die Stunde des sterbenden Blau
und der erblaßten Korallen
um die Insel von Palau.

Die trunkenen Fluten enden
als Fremdes, nicht dein, nicht mein,
sie lassen dir nichts in Händen
als der Bilder schweigendes Sein.

Die Fluten, die Flammen, die Fragen –
und dann auf Asche sehn:
»Leben ist Brückenschlagen
über Ströme, die vergehn.«

V

Die vielen Dinge, die du tief versiegelt
durch deine Tage trägst in dir allein,
die du auch im Gespräche nie entriegelt,
in keinen Brief und Blick sie ließest ein,

die schweigenden, die guten und die bösen,
die so erlittenen, darin du gehst,
die kannst du erst in jener Sphäre lösen,
in der du stirbst und endend auferstehst.

(1948/49)

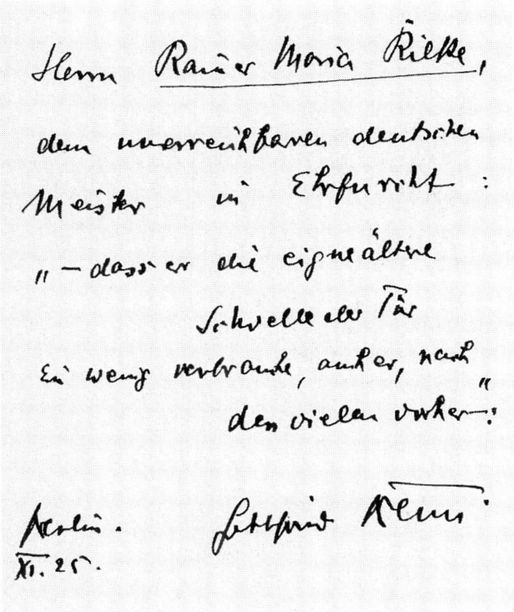

Herrn Rainer Maria Rilke,

dem unerreichbaren deutschen
Meister in Ehrfurcht:

"– dass er die eigne ältre
Schwelle der Tür
ein wenig verbrauchte, auch er, nach
den vielen andern –":

Berlin.
XI. 25.

Gottfried Benn

Widmung Benns an Rilke in dem Band »Spaltung. Neue Gedichte«, 1925 (Hinweis von H. E. Holthusen, mit freundlichem Dank).

Diese dürftige Gestalt und Born großer Lyrik, verschieden an Weißblütigkeit, gebettet zwischen die bronzenen Hügel des Rhonetals, unter eine Erde, über die französiche Laute wehn, schrieb den Vers, den meine Generation nie vergessen wird: »wer spricht von Siegen –, überstehn ist alles«. *Benn im Jahr 1940 über Rilke*

Hofmannsthal auf dem Totenbett in der Kutte des Dritten Ordens.

Am eignen Sohn zu sterben, welch ein Symbol für das Europa von Gestern, schrieb Karl Wolfskehl.

Rilkes Grab in Raron im Wallis.

George an seinem letzten Geburtstag.

Merken Sie sich: Alles, was in den heiligen Büchern steht, ist immer eingetroffen und wird immer eintreffen. So geht es immer mit den heiligen Büchern ... die geistigen Lösungen sind alle schon gefunden. Die Ereignisse hinken immer schwerfällig nach. *George im Gespräch mit Ernst Robert Curtius, 1919*

George mit Claus und Berthold von Stauffenberg, Berlin-Grunewald 1924.

Es könne vielleicht noch einmal das schlimme deutsche Schicksal eintreten, dass nämlich die Gedanken der Bewegung nicht in Deutschland zur tathaften Wirkung gebracht würden, dass aber das Ausland diese Bewegungsgedanken aufgreift und sie zur Tat macht. ... Es käme immer nur darauf an, dass eine grosse Täterperson solche Gedanken aufgreife und sie in die politische Wirksamkeit überführe. In der Richtung sei vielleicht etwas von Mussolini zu besorgen.

George im Gespräch mit Berthold Vallentin, 1928

George mit Berthold
von Stauffenberg
und Frank Mehnert,
Berlin-Grunewald
1933.

Vier Tage vor seinem Geburtstag am 12. Juli 1933 verläßt Stefan George das Elternhaus in Bingen.

Über das Politisch-Aktuelle sagte er mir in Berlin, ... es sei immerhin das erste Mal, dass Auffassungen, die er vertreten habe, ihm von aussen wiederklängen. *Edith Landmann über ihr letztes Gespräch mit George, 1933*

George in Minusio, seinem Schweizer Winterdomizil während der letzten Jahre.

Wenn er enden will, wie er gelebt hat – mit dem untrüglichen Wissen um Reinheit, Lauterkeit und echten Adel, das uns das kostbarste, unveräußerlichste Teil seines Wesens schien – so verharre er gegen dies neue Deutschland in derselben Geste, die ihm das alte abnötigte: das Haupt weggewendet von einem Geschlecht, das sich täglich in eine noch tiefere Schande verstrickt, als die es war, von der er es reinigen wollte. *Klaus Mann, Das Schweigen Stefan Georges, 1933*

Der Tag von Potsdam, 21. März 1933.

Volk ist viel! Meine geistige und wirtschaftliche Existenz, meine Sprache, mein Leben, meine menschlichen Beziehungen, die ganze Summe meines Gehirns danke ich doch in erster Linie diesem Volke. Aus ihm stammen die Ahnen, zu ihm kehren die Kinder zurück. Und da ich auf dem Land und bei den Herden groß wurde, weiß ich auch noch, was Heimat ist. Großstadt, Industrialismus, Intellektualismus, alle Schatten, die das Zeitalter über meine Gedanken warf, alle Mächte des Jahrhunderts, denen ich mich in meiner Produktion stellte – es gibt Augenblicke, wo dies ganze gequälte Leben versinkt, und nichts ist da als die Ebene, die weite, Jahreszeiten, Erde, einfache Worte –: Volk. So kommt es, daß ich mich denen zur Verfügung stelle, denen Europa, wie Sie schreiben, jeden Rang abspricht. *Benn, Antwort an die literarischen Emigranten, 1933*

Die Terrasse der Stadthalle in Hannover, wo Benn seit 1. April 1935 in der Wehrersatz-Inspektion tätig war.

An jenem Sonnabend Abend war ich, wie jetzt fast jeden Abend, in der Stadthalle, meiner neuesten Schwärmerei. Links Wein-, r. BierTerrasse, in der Mitte eine Kapelle, wenig Menschen, vor einem ein bisher völlig unveränderliches Gemälde: ein Bassin mit 2 Schwänen, eingefasst von Alleen u. Blumenbeeten »in die Ferne sich verlierend«, weiträumige Perspective, jeden Abend atme ich auf, wenn ich mich niederlasse. Mit Linie 6, Richtung Kleefeld, zu erreichen, ab Kröpcke. *Benn an Oelze, 1935*

Benn als Oberstabsarzt, 1935.

Es liegt schon wieder alles so weit hinter mir, kommt mir so ungelungen vor, so infantil. Möglich, dass ich hier alles hinter mir lasse: Wohnung, Praxis, Berlin u. in die Reichswehr zurückkehre, man hat mir von da eine ganz günstige Offerte gemacht. Dann hätte ich wirtschaftlich etwas Ruhe u müsste *alle* Verbindungen lösen, die ich hier habe, einschl. Akademie etc. – und gerade das ist es, was ich möchte. *Raus* aus allem; u die R. W. ist die aristokratische Form der Emigrierung! Ein schwerer Entschluss, Berlin zu verlassen, aber vielleicht tue ich es.
Benn an Oelze, 18. November 1934

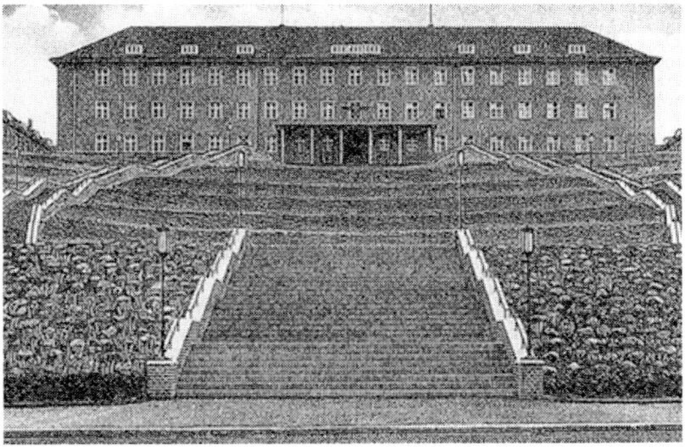

Die Kaserne in Landsberg, wo Benn von 1943 bis 1945 als Oberstabsarzt stationiert war.

Nichts Träumerischeres als eine Kaserne! Zimmer 66 geht auf den Exerzierplatz, drei kleine Ebereschen stehn davor, die Beeren ohne Purpur, die Büsche wie braunbeweint. Es ist Ende August, noch fliegen die Schwalben, doch zu den großen Zügen schon versammelt. Eine Bataillonskapelle übt in einer Ecke, die Sonne funkelt auf Trompeten und Schlagzeug. Die Himmel rühmen spielt sie und Ich schieß den Hirsch im wilden Forst. Es ist das fünfte Kriegsjahr, und hier ist eine völlig abgeschlossene Welt, eine Art Beguinage, die Kommandorufe sind etwas Äußerliches, innerlich ist alles sehr gedämpft und still.
Benn, Doppelleben

Claus von Stauffenberg (links) am 15. Juli 1944, fünf Tage vor seinem Attentat auf Hitler, im Führerhauptquartier in Ostpreußen.

Wo George zum Preis von Führertum sich erniedrigt, ist er in Schuld verstrickt und nicht wiederzuerwecken. Allerdings wurde gerade dies künstlerisch Fragwürdigste, Ideologische real in gewissem Sinn entsühnt. Dem Grafen Claus Stauffenberg, der den Tyrannenmord wagte und sich opferte, mochte jenes Georgesche Gedicht vom Täter gewärtig sein, das dessen Bild im Augenblick vor einer solchen Aktion festhält … *Theodor W. Adorno, George*

Der Leierkastenmann, der jeden Mittwoch vor Benns Wohnung in der Bozener Straße 20 in Berlin spielte.

Ein Leierkastenmann gehört ja zu Berlin. Aber Gottfried Benn hatte ja immer große Neigung zu Kränklichen. Das war ein kleiner Mann mit ein bißchen Buckel und ganz gelbem Gesicht. Der fuhr mit seinem sehr schönen, hochausgebauten Kasten mit weiß und gold ... Er stellte sich auf vor unserem Haus und spielte wieder: »Das sind die Beine von Dolores« u.a. Dann trat mein Mann auf den Balkon raus, manchmal im weißen Kittel, warf eingewickelt das Geld runter und die Kinder, die um den Mann herum waren, gaben ihm das ... Als er das erste Mal kam, als Gottfried Benn gestorben war, da blieb er ganz erschrocken stehen, weinte und sagte: »Wann ist denn die Beerdigung?« *Ilse Benn*

Dennoch die Schwerter halten

Der soziologische Nenner,
der hinter Jahrtausenden schlief,
heißt: ein paar große Männer
und die litten tief.

Heißt: ein paar schweigende Stunden
in Sils-Maria Wind,
Erfüllung ist schwer von Wunden,
wenn es Erfüllungen sind.

Heißt: ein paar sterbende Krieger
gequält und schattenblaß,
sie heute und morgen der Sieger –:
warum erschufst du das?

Heißt: Schlangen schlagen die Hauer,
das Gift, den Biß, den Zahn,
die Ecce-homo-Schauer
dem Mann in Blut und Bahn –

heißt: so viel Trümmer winken:
die Rassen wollen Ruh,
lasse dich doch versinken
dem nie Endenden zu –

und heißt dann: schweigen und walten,
wissend, daß sie zerfällt,
dennoch die Schwerter halten
vor die Stunde der Welt.

(1933)

Zu diesem Band

Die Aufsätze über Hofmannsthal, George, Rilke und Benn sind zuerst in der »Frankfurter Allgemeinen Zeitung« erschienen und für die vorliegende Ausgabe durchgesehen, überarbeitet und ergänzt worden.

Für ihre Hilfe bei der Beschaffung der Bildvorlagen und Bildunterschriften danke ich Frau Bettina Hüllen und Frau Ulrike Stamm. Mein Dank gilt Frau Ute Oelmann vom Stefan-George-Archiv der Württembergischen Landesbibliothek in Stuttgart, die unveröffentlichte Fotos Georges zur Verfügung stellte, Frau Marguerite Schlüter, die neben Dokumenten auch Erinnerungen an ihren Autor Gottfried Benn beisteuerte, Friedrich Pfäfflin vom Deutschen Literaturarchiv in Marbach und vor allen anderen dem verstorbenen Rudolf Hirsch, der die Welt Hofmannsthals inmitten der Frankfurter City lebendig hielt.

Bildnachweis

Archiv der Georg-Trakl-Forschungs- und Gedenkstätte Salzburg 45, 50, 114, 117, 118
Archiv für Kunst und Geschichte, Berlin 14, 86, 120, 145, 180
Bildarchiv Preußischer Kulturbesitz, Berlin 48,116, 121, 122, 144
Forschungsinstitut »Brenner Archiv« der Universität Innsbruck 56, 58, 79, 119
Freies Deutsches Hochstift/Hofmannsthal-Archiv, Frankfurt am Main 13, 47, 54, 75, 81, 82, 84, 85, 155, 174 (oben)
Fremdenverkehrsamt Sils-Maria 76
Heinz-Georg Hartmann, Berlin 185
Historisches Museum Hannover 181
Raimund von Hofmannsthal 89
Österreichische Nationalbibliothek, Wien 43, 51, 88
Rilke-Archiv, Gernsbach 52
Schiller-Nationalmuseum/Deutsches Literaturarchiv, Marbach 12, 78, 83, 114, 174 (unten), 182
Marguerite Schlüter, München 15, 44, 57, 77, 150 (links), 151 (rechts), 152
Schweizerische Landesbibliothek, Bern – Schweizerisches Literaturarchiv, Bern 153
Württembergische Landesbibliothek, Stuttgart (Fotograf: Joachim W. Siener) 16, 46, 55, 74, 83, 87, 90, 115, 147, 148 und Umschlagabbildung, 149, 175, 176, 177, 178, 179
Ullstein Bilderdienst, Berlin 49, 80, 113, 146, 150 (rechts), 184

Gedichtnachweis

Gottfried Benn: »Astern«, »Einsamer nie –« © Arche Verlag, Zürich; »Aprèslude«, »Nur zwei Dinge«, »Dennoch die Schwerter halten«, »Epilog« © Klett-Cotta, Stuttgart. Stefan George: © Klett-Cotta, Stuttgart. Hugo von Hofmannsthal: »Manche freilich«, »Reiselied« © Insel Verlag, Frankfurt am Main und Leipzig; »Einem der vorübergeht« © S. Fischer Verlag, Frankfurt am Main Rainer Maria Rilke: © Insel Verlag, Frankfurt am Main und Leipzig. Autor und Verlag danken allen genannten Verlagen für die Abdruckgenehmigung.

Zu dieser Ausgabe

insel taschenbuch 2549: Der vorliegende Band ist eine Lizenzausgabe mit freundlicher Genehmigung der Nicolaischen Verlagsbuchhandlung und erschien dort unter dem Titel: Frank Schirrmacher, Die Stunde der Welt. Fünf Dichter – Ein Jahrhundert. George, Hofmannsthal, Rilke, Trakl, Benn.